运动损伤预防、评估与康复指导丛书

跑步运动损伤的预防与康复训练

主编 人邮体育 周敬滨

副主编 贺忱 钱驿

U0125531

人民邮电出版社

北京

图书在版编目（CIP）数据

跑步运动损伤的预防与康复训练 / 人邮体育，周敬滨主编. -- 北京：人民邮电出版社，2024.4
（运动损伤预防、评估与康复指导丛书）
ISBN 978-7-115-60780-5

Ⅰ．①跑… Ⅱ．①人… ②周… Ⅲ．①跑－运动性疾病－损伤－防治②跑－运动性疾病－损伤－康复训练Ⅳ．①G804.53

中国国家版本馆CIP数据核字（2023）第027500号

免责声明

本书内容旨在为大众提供有用的信息。所有材料（包括文本、图形和图像）仅供参考，不能用于对特定疾病或症状的医疗诊断、建议或治疗。所有读者在针对任何一般性或特定的健康问题开始某项锻炼之前，均应向专业的医疗保健机构或医生进行咨询。作者和出版商都已尽可能确保本书技术上的准确性以及合理性，且并不特别推崇任何治疗方法、方案、建议或本书中的其他信息，并特别声明，不会承担由于使用本出版物中的材料而遭受的任何损伤所直接或间接产生的与个人或团体相关的一切责任、损失或风险。

内 容 提 要

本书首先介绍了运动损伤的基础知识，接着分析了跑步运动的特点、技术动作和易损伤部位，然后对跑步运动不同部位常见损伤的症状、诱因、预防指导、处理指导、康复中后期推荐训练计划和重返运动的标志进行了详细讲解，并采用真人示范图解的方式，对康复训练动作进行了展示。最后，本书讲解了关于跑步运动损伤的常见疑问与误区。

本书既适合作为运动康复师、专项教练和体能教练等专业人士的运动损伤速查手册，也适合作为专业运动员和运动爱好者的运动损伤科普指南。

- ◆ 主　　编　人邮体育　周敬滨
　　副 主 编　贺　忱　钱　驿
　　责任编辑　刘　蕊
　　责任印制　马振武
- ◆ 人民邮电出版社出版发行　　北京市丰台区成寿寺路 11 号
　　邮编　100164　　电子邮件　315@ptpress.com.cn
　　网址　https://www.ptpress.com.cn
　　北京瑞禾彩色印刷有限公司印刷
- ◆ 开本：700×1000　1/16
　　印张：10　　　　　　　　　　2024 年 4 月第 1 版
　　字数：216 千字　　　　　　　2024 年 4 月北京第 1 次印刷

定价：79.80 元

读者服务热线：(010)81055296　印装质量热线：(010)81055316
反盗版热线：(010)81055315
广告经营许可证：京东市监广登字 20170147 号

CONTENTS

目录

扫描右方二维码添加企业微信。

1.首次添加企业微信，即刻领取免费电子资源。

2.加入体育爱好者交流群。

3.不定期获取更多图书、课程、讲座等知识服务产品信息，以及参与直播互动、在线答疑和与专业导师直接对话的机会。

第 1 章

运动损伤基础知识

- ■ 运动损伤类型
- ■ 运动损伤风险因素
- ■ 运动损伤评估
- ■ 运动损伤预防
- ■ 急性损伤处理

1.1 运动损伤类型

运动损伤是伴随运动发生的身体损伤。产生运动损伤的原因很多，例如运动技能不熟练、运动前未进行热身或热身不充分、挑战高难度动作及身体存在肌肉或骨骼损伤史等。

运动损伤的类型有很多，通常来说，我们会根据结构或部位，对这些损伤进行分类。

根据结构分类

根据结构分类，即根据身体结构，例如身体的骨骼、关节、韧带、肌肉、肌腱和皮肤等，对运动损伤进行分类。这种分类方法有利于针对身体结构特性分析损伤产生的原因，以及损伤的程度。

骨骼损伤

运动中发生的骨骼损伤，多为骨折或骨裂。四肢中较长的骨，或者与四肢关节相关的骨，发生骨折的风险较高。骨折的类型有很多，根据骨折后骨块有没有分离和移位，可分为无移位骨折和移位骨折。

无移位骨折

无移位骨折通常不伴随其他并发症，没有神经、血管、肌肉和肌腱等的损伤；初次进行 X 光片检查时甚至可能看不到明显的骨折线，或者能看到骨折线但看不到骨块的移位。图1.1 中，骨折处仅有一条骨折线，并且骨的位置没有偏移。多数情况下，这样的骨折用石膏固定治疗即可，但某些部位的无移位骨折也需要进行手术治疗，例如股骨颈骨折等。

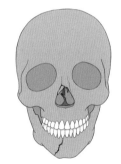

图1.1 无移位骨折

移位骨折

移位骨折指骨块产生了移位的骨折（见图1.2），一般发生在比较长的骨上，例如手臂的肱骨、大腿的股骨和小腿的胫骨等。这种骨折往往会给伤者带来比较大的创伤，骨折处会出现不规则的棱角，容易给周围的软组织带来伤害。移位骨折通常需要

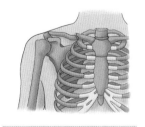

图1.2 移位骨折

注：本书中的解剖图及损伤图仅为示意图。

进行手术治疗,并且用金属板固定骨折的位置(对骨起到稳定、保护和增加坚固程度的作用)。

移位骨折可以根据移位的方向进一步细分为嵌插骨折和分离性骨折,还可以根据骨折后骨块的分离数量进一步细分为单纯性骨折和粉碎性骨折。

▶ 嵌插骨折

嵌插骨折指断骨的两端重叠咬合在一起的骨折,从 X 光片看,骨的长度变短。嵌插骨折是比较严重的骨折,需要进行手术治疗。嵌插骨折多发生在腕关节,例如在溜冰、滑雪等运动中,摔倒时用手撑地易导致其发生。

▶ 粉碎性骨折

粉碎性骨折指骨断裂成三块或以上的骨折,骨折处会出现骨碎片,骨折处周围伴有肿胀或出血现象,软组织受到损伤。这种骨折通常是由较大的外力造成的,属于比较严重的骨折。粉碎性骨折要通过手术将移位的骨复位,并用金属板固定进行治疗。

此外,骨折还包括一些特殊的类型,例如应力性骨折、复合性骨折、骨骺骨折、撕脱骨折和骨折脱位等。

应力性骨折

应力性骨折是一种积累性骨折,是由于肌肉经常处于疲惫状态形成的骨折。肌肉被过度使用,处于疲惫状态,不能及时吸收作用于身体的外力,使得这些外力作用于骨并在持续一段时间后引起骨的轻微损伤,出现不明显的骨裂或骨折现象(见图1.3)。因此,应力性骨折早期不容易被发现,甚至通过 X 光片检查也不能诊断出有骨折现象。应力性骨折伤者会感到局部的疼痛,做轻负重动作时痛感不明显,跑动或压力大时,会有明显痛感。

应力性骨折早期的主要治疗手段是休息,充分的休息可以促进骨自然愈合。

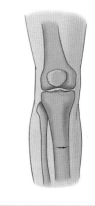

图1.3 应力性骨折

复合性骨折

复合性骨折会兼有多种骨折症状,例如骨发生移位,或者骨折处有粉碎性骨折症状,又或者尖骨划伤软组织,甚至穿透皮肤等。复合性骨折比较严重,通常发生于身体被剧烈碰撞时。进行需要高速跑动的运动项目时易发生复合性骨折,例如足球、橄榄球等运动。

骨骺骨折

骨骺是还处于生长期的儿童和青少年的骨骼在发育过程中,两端软骨中出现的骨化点。骨骺会随着青少年的成长,逐渐变成骨。如果骨折从骨干(骨的两端为骨骺,中间为骨干)部分延伸到骨骺部分,骨骺出现损伤,会影响骨的生长。因此,出现骨骺骨折时,要谨慎处理。

根据骨折发生的位置和严重程度,骨骺骨折可分为索尔特Ⅰ型～Ⅴ型。Ⅰ型和Ⅱ型骨折,由于骨有较强的自我修复能力,一般不需要手术,可通过充分休息使其自愈,并保证受伤部位不要负重;Ⅲ型至Ⅴ型骨折需要通过手术进行治疗修复,但易造成生长障碍,或者产生关节炎。骨骺骨折的发生概率很小,棒球运动中有可能会出现骨骺骨折。

撕脱骨折

撕脱骨折指肌腱或韧带撕裂时,伴随撕脱下来小块的骨,常见于手指。撕脱骨折在棒球运动中的发生概率较大。

骨折脱位

骨折脱位指骨裂时伴随韧带与肌肉的损伤,发生骨裂的骨在关节位置脱位。骨折脱位常发生于跳伞或赛车运动中。

关节与韧带损伤

关节是身体中骨与骨连接的部位,主要由关节面、关节囊和关节腔三部分构成。两块骨连接的面称为关节面,通常上方有软骨覆盖。关节囊是包围关节的软组织,其与关节面共同围成的腔隙为关节腔。关节腔内有关节液,能润滑关节。

此外,关节之间还有韧带连接,韧带是稳定关节的重要结构。

关节扭伤时,往往伴随着韧带损伤。青少年由于骨还处于生长期,坚硬度不够,韧带与骨连接的地方会因拉扯产生骨折,即撕脱骨折;成人骨骼坚硬,更容易发生韧带本身的撕裂。

韧带损伤的具体状况如下。

▶ Ⅰ级损伤

韧带发生轻度撕裂,局部有轻微压痛,外观上可看到局部肿胀。此种程度的损伤对关节活动的影响较小。由于韧带部位血管较少,营养供给不足,所以修复过程较慢。一般来说,Ⅰ级损伤需15～20天才能恢复。

▶ Ⅱ级损伤

韧带局部撕裂较严重,压痛明显,外观肿胀明显。韧带功能部分丧失,关节稳定性轻度受损,影响关节活动。一般来说,Ⅱ级损伤需要20～40天才能恢复。

▶　Ⅲ级损伤

韧带几乎完全断裂，可能伴有明显响声，有剧烈痛感，损伤部位肿胀明显。韧带功能严重受损，关节彻底失去稳定性，严重影响关节活动。一般来说，Ⅲ级损伤需要通过手术进行恢复，恢复期为90～120天（也可能会更长）。

肌肉与肌腱损伤

连接人体关节的肌肉称为骨骼肌。骨骼肌包括肌腹和位于两端的肌腱。通常，人们所说的肌肉指的是骨骼肌的肌腹部分。骨骼肌除了为人体基本运动提供力量之外，对维持关节的稳定性也有重要作用。骨骼肌的常见损伤为拉伤。

拉伤

拉伤的具体状况如下。

▶　Ⅰ级拉伤

肌纤维局部轻微撕裂，患处会有压痛。在拉伸受伤肌肉时，也会产生疼痛。触摸受伤肌肉时，会发现肿胀和产生触痛。Ⅰ级拉伤会影响运动功能的发挥，在高强度运动时，肌肉功能受限更明显。Ⅰ级拉伤在短时间内即可修复。

▶　Ⅱ级拉伤

肌纤维局部撕裂较严重，肌肉在被触摸、拉伸或压迫时有明显或强烈的痛感。肌肉有明显的肿胀现象，甚至可能会出现痉挛。肌肉功能严重受损，力量减弱。一般来说，肌肉修复需经过20～40天。

▶　Ⅲ级拉伤

肌纤维几乎完全断裂，失去运动能力。肌肉有强烈痛感，患处肿胀明显，并且断裂肌纤维周边的肌肉出现痉挛，肌纤维以束状聚在一起。这种拉伤通常是由于肌肉的拉伸或收缩大大超出其运动范围。一般来说，Ⅲ级拉伤需要进行手术治疗，恢复时间为60～90天（或更长时间）。

肌腱炎

肌腱炎是常见的肌腱损伤（见图1.4）。强大的外力损伤会导致肌腱拉伤发生，但肌腱炎更多情况下由慢性损伤导致，即由长期不正确的发力方式，或者长期过度使用某处的肌肉、肌腱导致。网球肘与跑步膝是常见的由慢性损伤导致的肌腱炎。网球肘的出现是由于过度使用前臂伸肌，造成该处肌肉的轻微撕裂、拉伤，以及肌腱发炎。跑步膝的出现是由于大腿外侧的髂胫束与股骨外上髁摩擦过多，使肌腱磨损发炎。

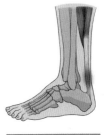

图1.4 肌腱炎

皮肤损伤

常见的皮肤损伤有擦伤、晒伤、水疱和真菌感染等。

擦伤

擦伤指在运动中因摔倒、碰撞和摩擦，或者因衣服不合身、鞋子不合脚等，摩擦皮肤，导致皮肤表面受损（见图1.5）。这样的损伤通常不会很严重，做好清洁和消炎即可。

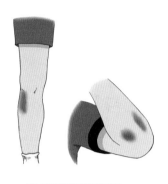

图1.5 擦伤

晒伤

晒伤是户外游泳运动常见的皮肤损伤（见图1.6）。皮肤晒伤会产生灼痛感，受伤部位会出现红肿现象，严重的话还会出现水疱，伤及真皮层。在户外游泳时，皮肤暴露在光线中，并且皮肤在水中更容易吸收紫外线，会加重皮肤晒伤。因此，在光线比较强时进行户外游泳，要涂好防晒霜。

图1.6 晒伤

水疱

水疱常见于脚部（见图1.7），虽然不是严重的问题，但要做好清洁和治疗工作，避免感染和扩大。

图1.7 水疱

真菌感染

真菌感染主要指脚趾部位的足癣（见图1.8）。在训练室与更衣室等环境中，赤脚走在地上容易感染真菌。此外，不良个人习惯，例如好几天不换袜子，脚又经常处于湿热环境中，再加上鞋子透气性差，很容易感染足癣。真菌感染需要用药物进行治疗。

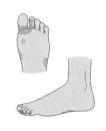

图1.8 真菌感染

根据部位分类

运动损伤也可以按照身体部位大致分为头颈部运动损伤、躯干运动损伤、上肢运动损伤和下肢运动损伤。一般来说，在不同种类的运动中，各部位的损伤风险有所不同，具体和运动特点有关。例如在篮球、足球和跑步运动中，下肢的受伤概率较大；而在乒乓球运动中，损伤多发生在上肢。

头颈部运动损伤

头颈部是人体的重要部位。头部有大脑，颈部有颈椎，而人体重要的神经中枢就位于大脑与颈椎中。因此，头颈部受伤的话，情况通常比较严重。头颈部常见的比较严重的运动损伤包括脑震荡、硬脑膜下血肿和颈椎损伤等。

躯干运动损伤

躯干运动损伤主要包括腰部拉伤和慢性腰痛等。

上肢运动损伤

上肢运动损伤主要发生于上肢的关节部位（肩部、肘部、腕部和手部）。肩部的肩袖损伤是常见的上肢运动损伤。其他常见的上肢运动损伤包括肩关节盂唇撕裂、肱二头肌肌腱炎、网球肘、高尔夫球肘、腕管综合征、三角纤维软骨复合体损伤和手指损伤等。

下肢运动损伤

下肢运动损伤在大多数运动中的发生概率较大，尤其是在篮球和足球运动中。这是因为篮球和足球运动中的大部分动作需要下肢发力，臀部、大腿、膝部、踝部和足部都是可能发生损伤的部位。常见的下肢运动损伤包括髋关节盂唇撕裂、髂腰肌肌腱炎、髋内收肌肌腱炎、臀肌拉伤、前交叉韧带损伤、内侧副韧带损伤、半月板损伤、髌腱炎、髌股关节疼痛综合征、踝关节扭伤、跟腱断裂、跟腱炎和足底筋膜炎等。

1.2 运动损伤风险因素

除了高强度运动带来的冲击，运动损伤的发生还受到很多其他方面的因素的影响，例如骨骼、肌肉是否有损伤史，关节活动是否受限，肌肉力量是否不足，是否缺乏本体感觉，或者动作姿势是否不正确等。

损伤史

骨骼与肌肉是实现运动功能的主要器官，如果运动员的骨骼与肌肉有损伤史，会大大提升其发生运动损伤的风险。相关研究表明，在高校开展的足球、橄榄球等运动中，有损伤史的球员发生运动损伤的概率比没有损伤史的球员大几倍。这主要是因为韧带和肌肉的既往损伤会降低其弹性，破坏其平衡，使其运动能力受限，容易因运动中的强大冲击力再次受伤。

关节活动度

关节活动度指关节的有效活动范围，主要通过人体的功能性运动表现出来。活动度可分为主动活动度与被动活动度。主动活动度指人体在进行主动动作过程中表现出来的柔韧性，肌肉活动会参与其中；被动活动度指在肌肉不发生收缩的前提下，身体所表现出来的柔韧性，即关节的活动范围。

关节的活动度与肌肉、韧带分不开。韧带是关节囊的主要组成部分，围绕关节，起到稳定关节的作用。肌肉的柔韧性则决定了关节在动态环境中的活动范围。如果肌肉与韧带的柔韧性差，关节活动度小，运动中很容易造成损伤。举一个很简单的例子。我们都知道在进行比赛或运动前，有必要进行充分的热身，这是因为热身可以让血液流速加快，身体温度升高，与关节相关的韧带、肌肉和肌腱等组织的黏滞性也会随着温度的升高而降低，使得关节润滑度提高，关节活动度变大，从而有效减小运动损伤的发生概率。相反，如果不进行热身，关节各相关组织还处于低温黏滞状态，此时直接开始进行比赛或运动，身体运动范围必然受限，从而增大运动损伤的发生概率。

肌肉力量

身体的力量来自肌肉做功。肌肉力量的大小，决定着身体运动功能的强弱。如果肌肉力量弱小，易造成运动损伤。

动作质量的决定因素

肌肉力量决定动作质量。在神经系统的支配下，有力的肌肉可以配合骨骼做出各种动作，也能承担起足够大的负重。如果肌肉力量弱小，动作做不到位，会导致代偿现象发生，而发生代偿现象是运动损伤的产生原因之一。另外，进行负重训练时，如果肌肉力量不足，也容易引发运动损伤。

维持身体稳定的重要因素

肌肉力量是维持身体稳定的重要因素。核心肌群的力量有维持身体稳定的作用，关节周围肌肉的力量有维持关节稳定的作用，如果这些肌肉或肌群的力量较弱，会影响核心稳定性与关节稳定性，从而引发运动损伤。

不均衡引发运动损伤

肌肉力量不均衡，也是引发运动损伤的原因之一。肌肉力量不均衡会造成不良体态，下交叉综合征就是典型的例子（见图1.9）。在下交叉综合征中，腹部、臀部肌肉力量薄弱，要依靠腰部、背部、大腿前侧的肌肉维持身体平衡，这样会造成身体重心的前移，并产生膝外翻，加重下肢关节的压力，带来运动隐患。

图1.9 下交叉综合征

本体感觉

本体感觉是指无论人体处于何种状态，人体的各运动器官，包括肌肉、肌腱和关节等，所产生的感觉。这种感觉能对人体的位置、空间和状态等产生判断，有利于运动的进行。

本体感觉从低到高分为三个等级。

▶ 第一等级

第一等级指身体运动器官（例如肌肉、肌腱、韧带和关节等）在位置、运动和负重等方面的感觉。

▶ 第二等级

第二等级指小脑对运动的协调感，以及前庭对运动状态和头部空间的感受，表现为平衡感。

▶ 第三等级

第三等级指大脑皮层对运动的整体感觉。

本体感觉有多种感受器，这些感受器除了有感知功能外，还配合神经系统调节人体活动，并保护人体器官。例如人体的骨骼肌与肌腱中存在着肌梭与高尔基腱器，二者都是人体的感受器。肌梭位于骨骼肌中，当肌肉被拉长时，为了避免因过度拉伸而受伤，肌梭会向中枢神经系统发出信号，中枢神经系统反馈信息，使肌肉收缩。高尔基腱器位于肌腹与肌腱的连接处，肌肉收缩时，高尔基腱器会感受到肌肉张力的大小与变化速率；如果肌肉张力过大，超过高尔基腱器阈值时，高尔基腱器就会产生神经冲动，传入神经中枢，引起反射，使肌肉放松。

本体感觉的缺失，并且无论是哪一等级的缺失，都会给运动带来感觉障碍，引发运动损伤。

动作姿势

动作姿势正确在运动过程中是非常重要的。错误的动作姿势，轻则导致运动水平降低，重则引发运动损伤。动作姿势可分为两类，一类是静态姿势，另一类是动态姿势。

静态姿势

静态姿势指人体处于放松状态的姿势，例如坐姿、站姿和卧姿。静态姿势是运动的预备阶段，静态姿势不标准或不正确，会影响运动水平的发挥。

动态姿势

动态姿势是在空间内任何时间、任何运动平面组合中保持最佳瞬时旋转轴的能力，用通俗的话来说，就是在动态姿势中，身体各部位在运动中都处于合理的位置，才能产生最高的工作效率。就像在一个简单的投掷动作中（例如投铅球），如果髋关节缺乏稳定性和平衡能力，扭动旋转位置有偏差，前期的助跑力量就不能有效地传递给上肢，而上肢向后收以储存势能及后续向前、向上做投掷动作时，会缺乏一个稳定的平台，导致不但发挥不出正常的投掷水平，还容易造成运动损伤。

正确姿势

首先，正确的姿势要求肌肉处于平衡状态——无论是长度，还是弹性，都在最佳状态。人体在做一个动作时，除了由主动肌收缩发力之外，还需要协同肌协同收缩做功，拮抗肌舒张配合。如果拮抗肌弹性不好，舒张有限，会限制主动肌的收缩程度，影响动作效果，关节会偏离最佳角度，甚至产生关节与韧带的磨损，久而久之造成损伤。

其次，正确的姿势讲究人体中立位（见图1.10）。人体中立位即人体在站立时，从正面观察，头部端正，没有外斜扭转，双肩高低齐平，肩部自然下沉放松，双脚保持与臀部宽度相同且可略向外打开；从侧面观察，肩部、脊柱、膝部和脚踝，从上到下连成一条垂直于地面的直线；从背面观察，从后颈到臀部中心，再到双脚中间位置的连线，可以形成一条垂直于地面的直线。

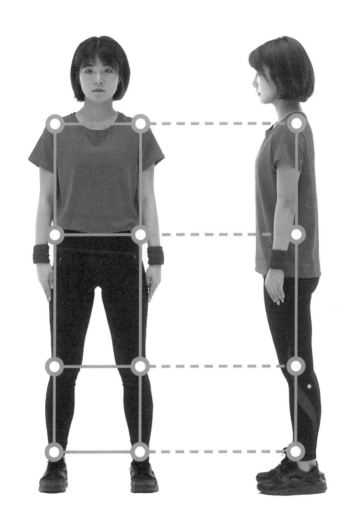

图1.10 人体中立位（正面和侧面）

当处于运动中时，人体的姿势是在不断变动的，并且需要在不同的动作中保持平衡。运动中平衡的保持也有几个原则。例如在进行举重类动作或爆发力很强的跳跃动作时，需要保持脊柱的挺直状态，即通常要求的背部保持挺直；在进行硬拉类动作或跳跃类动作时，要求耳部、肩部和髋部在同一平面上。这样身体的稳定性就会大大提升，可有效降低受伤概率。

1.3 运动损伤评估

　　仅仅依靠伤处的外观、响声与伤者的感受，并不能对损伤做出科学、完整的判断，因为我们并不能洞察伤处内部结构的变化，以及内部器官具体的状况，这些需要借助现代医疗器械和手段来了解。常见的运动损伤医学评估手段有询问病史、体格检查和影像检查。

询问病史

　　伤者就医时，医生首先关注的是伤者什么地方不舒服，损伤是怎么产生的，这种情况有多久了，有没有接受过检查和治疗等。有时，仅通过病史的询问就能基本判断伤者的损伤情况。伤者自身对这些情况的记忆清楚，能够很好地帮助医生进行诊断，或者进行下一步检查和治疗。

体格检查

　　运动损伤的体格检查包括视、触、动、量和查体试验 5 个部分。

1 **视**　视，指对伤者损伤部位的直接观察和伤者相关身体情况的观察。例如针对膝关节痛的伤者，医生可能不仅要观察其膝关节的情况，还要观察其下肢整体有没有膝内翻或膝外翻等问题。

2 **触**　触，指医生通过查体手法触摸伤处，明确有没有压痛、积液等情况。

3 **动**　动，指医生观察伤者有没有活动受限或异常的情况。

4 **量**　量，指医生利用尺子等工具对伤者肢体围度等指标进行测量，使用情况相对较少。

5 **查体试验**　当医生大致确定可能是哪些损伤或疾病时，会要求伤者配合，主动或被动地完成一些动作，即"查体试验"。

　　门诊或急诊的诊室中，医生会对伤者选择性地进行体格检查，来判断伤者的损伤情况。视、触、动、量和查体试验都十分依赖伤者的配合，如果伤者无法很好地配合，可能会出现检查结果错误或无法进行检查的情况。

影像检查

影像检查是利用大型医学设备进行的检查。运动损伤常需进行的影像检查包括 X 光片检查、CT 扫描、磁共振成像（MRI）检查和超声检查等。磁共振成像（MRI）也常常被称为核磁共振成像（NMRI），两者实际进行的是同一种检查。影像检查常常不是必需的，但也可能需要同时做多种影像检查。

X光片检查

X 光片检查在骨骼损伤的评估中使用率非常高，因为它可以直观地反映骨骼的整体状况。X 光片检查的原理是 X 线穿过伤者时会被其身体和衣物阻挡，剩余的 X 线被伤者后方的接收板吸收，在经过计算机处理后显示出阻挡 X 线的物体的轮廓。阻挡 X 线的量的多少与组织的密度有关。骨骼对 X 线的吸收量相对周围组织更多，所以在 X 光片中能够与其他组织清楚地区别并显示出来；剩下的肌肉、韧带等软组织的密度比较接近，所以在 X 光片上很难分辨。

CT扫描

CT 扫描的原理也是利用 X 线进行检查，但它的扫描方式不同，显示的是身体某个部位的连续横截面图像，因此能够观察更细微的骨骼损伤，对少部分的肌肉软组织损伤也有一定的诊断价值。

磁共振成像（MRI）检查

磁共振成像（MRI）检查利用磁场进行检查，因此要求伤者身上没有磁性金属，才能进行检查。磁共振成像检查能区分肌肉、肌腱和韧带等软组织结构，也能显示骨髓的炎症情况，因此主要用于诊断韧带与肌肉等软组织损伤。应力性骨折的早期评估也依赖磁共振成像检查。磁共振成像检查不具有辐射性，但检查时间长，每台设备每日能检查的病人数量相对较少，因此常常需要提前预约。

超声检查

超声检查指利用超声波对皮下的肌肉和韧带等软组织进行观察。超声检查的适用范围类似磁共振成像检查，但是超声检查过程的所有图像无法都提供给门诊医生，所以多数情况下评估价值不如磁共振成像检查。但超声检查时间较短，价格相对便宜，所以在无法立刻进行磁共振成像检查的情况下，超声检查也有很高的实用价值。

1.4 运动损伤预防

运动损伤的发生，虽然会受到客观因素（例如装备不合适和场地不平整等）的影响，但如果要从根本上减小运动损伤的发生概率，重要的是提升自身身体素质，例如从关节活动度、柔韧性、肌肉力量、神经肌肉功能等方面着手，并在运动前做好热身，运动后做好恢复。

关节活动度

关节活动度指关节的有效活动范围，是衡量人体运动功能的重要指标之一。它受关节解剖结构及周围肌肉、韧带等软组织的弹性和延展性的影响，一旦受限，人体将无法以符合生物力学机制的方式完成日常生活和运动任务，从而极易受伤，还很有可能出现慢性疼痛问题，影响生活、工作。

提升关节活动度的方法包括肌筋膜放松、静态拉伸、动态拉伸、本体感觉神经肌肉易化（PNF）拉伸和手法矫正等。

柔韧性

柔韧性指肌肉、肌腱和韧带等软组织在关节处能被拉伸的程度。良好的柔韧性可以提升关节的灵活度，扩大关节活动范围，提升韧带与肌肉的弹性、延展性，使韧带与肌肉不容易被拉伤。因此，良好的柔韧性可以保护身体少受意外伤害。

提升柔韧性的方法就是做拉伸运动，或者利用泡沫轴对筋膜进行按摩和放松。拉伸运动有多种形式，例如主动拉伸、被动拉伸、动态拉伸、静态拉伸、弹震式拉伸和 PNF 拉伸等。

肌肉力量

肌肉力量是通过肌肉收缩克服和对抗阻力完成运动的能力。针对运动损伤的预防，优秀的肌肉力量是抵抗外力与控制身体稳定的重要因素。只有具备良好的肌肉力量，才能使动作更精准、协调性更强、更经济，延缓疲劳感的产生，从而有效减小运动损伤的发生概率。

肌肉力量的提升可通过抗阻训练来达成。在抗阻训练的过程中，肌肉会因对抗压力受到充分的刺激，肌纤维出现结构上的微损；在抗阻训练结束后，肌肉得到充分休息，并补充足够的蛋白质，肌纤维得到修复、增多，并且功能得到强化，以抵抗外界更大的阻力，最终肌肉力量得到提升。

神经肌肉功能

神经肌肉功能训练是各种综合训练的集合。常见的神经肌肉功能训练包括生活功能训练和本体感觉训练。

生活功能训练主要适用于生活功能明显受限的人群,例如损伤或手术后早期、神经功能受损的人,主要内容为在康复师的指导和帮助下,逐步完成一些日常生活中的活动,例如步态正确的行走等。

本体感觉训练是下肢运动损伤的预防和康复训练中常见的内容,主要以平衡性训练的形式进行,而平衡性训练主要针对核心稳定性展开。核心区域指包括腹部、腰椎、骨盆和髋部的肌肉与骨骼在内的区域,核心肌群控制着身体姿势、腰椎的稳定性,以及身体的平衡。在核心稳定性训练的过程中,核心肌群不断地收缩与放松以提升身体对平衡变化的体察能力,并及时调整,最终使核心肌群能自如控制身体平衡,减小运动损伤的发生概率。

热身与恢复

运动前进行热身可以使体温在短时间内升高,肌肉摆脱僵硬状态,柔韧性得到提升,关节也会变得更灵活。运动后的恢复,不仅是为了让肌肉消除紧张感,也是为了让肌肉得到充分的休息与修复时间,以变得更强壮有力。热身与恢复所带来的这些改变,最终可以提升训练效率,并降低运动损伤风险。

热身

热身运动有很多,常见的有慢跑、开合跳和跳绳等。这些全身运动可以在短时间内提升心率,让身体快速升温,进入运动状态。需要注意的是,选择热身运动时应遵循以下几项原则。

1. 应包括动态拉伸运动(见图 1.11),提升肌肉弹性与关节灵活性。

2. 应结合专项动作。

3. 运动强度不要太大,不要热身至疲劳状态。

4. 应进行预防运动损伤性质的热身,例如关节要充分活动,主要肌肉要充分活动。

5. 如果要比赛,在热身即将结束时,可将动作速度提升至比赛时的动作速度。

　　热身时间控制在 10~15 分钟。注意热身结束到进入正式运动的过渡阶段的时间保持在 5~10 分钟。如果过渡时间太长，体温会下降，失去了热身的意义；如果过渡时间太短，正式运动时容易产生疲劳感。另外，如果是比赛，半场休息时也可以做短时冲刺热身，这有利于下半场的运动表现。

图1.11 动态拉伸运动

恢复

　　恢复方法除了有充足的休息时间，还需要在运动后第一时间对身体肌肉进行拉伸和放松，使肌纤维舒展开来，以促进肌肉恢复良好状态。另外，运动过程中产生的代谢废物——乳酸，会造成肌肉的酸痛感，而拉伸与放松运动能促进乳酸等代谢废物快速排出，有效减轻运动疲劳与肌肉酸痛感。运动后恢复一般选用静态拉伸（见图1.12）的方法。

图1.12 静态拉伸运动

1.5 急性损伤处理

　　常见的急性损伤处理方式主要是一些英文缩写指代的损伤处理原则，包括 RICE 原则、PRICE 原则、POLICE 原则和 PEACE & LOVE 原则。这些原则适用的情景类似，多数情况下只需牢记并应用其中一种原则。

RICE原则

　　RICE 是四个步骤的英文名称的首字母组合，具体内容如下。

Rest　　休息，指首先停止一切运动，包括受伤后立即停止运动和在恢复期内避免进行激烈的运动，将损伤程度降到最低。

Ice　　冰敷，指在损伤发生后，在尽量短的时间内，快速冰敷伤处。具体做法为将冰块敲成小块，用干净的布包起来，然后放在伤处（不可以将冰块直接放在伤处）。这样可减缓伤处的血流速度，放慢细胞的新陈代谢，减轻疼痛。冰敷持续 15~20 分钟后拿下冰块，等伤处温度回升后，再继续冰敷，直至伤处有麻木感。冰敷时每隔 5 分钟左右要查看一下伤处，以避免发生冻伤的情况。冰敷的总体持续时间要视伤处的症状而定。

Compression　　加压包扎。加压包扎一方面能抑制伤处流血，减少出血量；另一方面可以限制伤处的活动，减少对伤处的伤害。包扎四肢时，在绷带下垫一层硬物，压住伤处。

Elevation　　抬高，指将伤处抬高处理。这是为了减少血液流向伤处，并减少血液渗出。抬高要持续至肿胀消除为止。

PRICE原则

PRICE 是五个步骤的英文名称的首字母组合，分别是 Protect、Rest、Ice、Compression 和 Elevation。PRICE 原则的大部分内容与 RICE 原则相同，区别在于 P，即 Protect。

Protect　保护，指在损伤发生后，应立即停止活动，保护受伤的部位，避免受伤部位二次受伤或负重。

POLICE原则

POLICE 是五个步骤的英文名称的首字母组合，分别是 Protect、Optimal Loading、Ice、Compression 和 Elevation。POLICE 原则的大部分内容和 PRICE 原则相同，区别在于 OL，即 Optimal Loading。

Optimal Loading　最优负荷，指倡导适当负重与运动。康复训练应该从受伤后立刻开始，一味地休息不仅不利于恢复，而且会产生很多问题。

PEACE & LOVE原则

PEACE & LOVE 原则是 2019 年新提出的急性损伤处理原则。PEACE 包括五个步骤：Protection，Elevation，Avoid anti-inflammatory modalities，Compression 和 Educate。其中，Avoid anti-inflammatory modalities 和 Educate 是新提出的。LOVE 包括 Load、Optimism、Vascularisation 和 Exercise 四个步骤，主要用于亚急性期（使用 PEACE 原则进行一定程度的恢复后）。

Avoid anti-inflammatory modalities

避免使用消炎药。损伤后组织发炎的过程也是自我愈合的过程,所以不能过度抑制炎症。但另一方面,组织伤后持续炎症也是影响愈合和肢体功能恢复的重要因素。因此,具体用药方式需要听从医生的建议。

Educate

正确教育。除了上述急性期的建议,医疗人员也要做好正确的卫生教育。某些治疗,例如电疗、徒手治疗或针灸等,早期对于疼痛可能有帮助,长期来看,每个人的治疗反应可能不相同。正确的卫生教育,可以有效避免过度治疗。

Load

适当负重。积极的活动、训练等,对于大部分伤者来说是有益处的。如果伤者可以忍受,早期给予其机械式刺激,加上适当负重,可以强化其肌腱、肌肉和韧带的修复,促进其复原,也可以有效避免过度治疗。

Optimism

保持乐观。大脑在伤后复原的过程中扮演着关键角色,忧郁、恐惧等负面心理可能会影响复原。

Vascularisation

保持血液循环畅通。适当的身体活动,有助于增加受伤组织的血流量。在不造成疼痛的前提下,尽早活动受伤部位,增加有氧运动,可以恢复功能,降低止痛药需求。

Exercise

运动训练。运动训练能够恢复关节的活动能力、强化肌肉力量和提升本体感觉,是康复治疗的重要组成部分。

第 2 章

跑步运动常见损伤

- 跑步运动特点
- 跑步运动动作分析
- 跑步运动易损伤部位
- 不同跑步类型常见损伤

2.1 跑步运动特点

　　跑步是最容易进行的体育运动之一，在过去的 50 年里，它变得越来越受欢迎，跑步者和跑步项目的数量大幅增长。跑步的成本较低，可以用很少的设备来实施。对于希望通过运动获得健康的人群，跑步是一种很好的锻炼方式。大量科研证明，跑步有许多好处，包括降低患冠状动脉疾病、脑血管疾病、高脂血症、高血压、2 型糖尿病、代谢综合征、结肠癌和乳腺癌的风险。当然，跑步还可以有效减重和改善情绪等。

　　但是跑步能带来健康的同时，如果运动不当，也会引起一系列运动损伤，尤其是肌肉骨骼系统的损伤。跑步属于全身运动，而且属于同一周期类型的反复运动，容易导致肌肉骨骼系统的劳损性损伤。如果跑步姿势、跑步技术、跑步场地或跑鞋出现问题，同样会引发损伤。另外，因为跑步运动主要是下肢负重的过程，足部、踝部、膝部、髋部、大腿和小腿在跑步的各个周期阶段都在不停地产生应力刺激，所以这些部位是损伤的高发部位。

2.2 跑步运动动作分析

根据跑步各个阶段的身体重心改变规律和下肢运动规律，可将跑步周期动作划分为缓冲、后蹬、后摆、前摆四个阶段。为了便于理解，我们一般称之为支撑着地缓冲与后蹬、腾空体后折叠摆腿、支撑摆腿、腾空体前"趴地式"着地摆腿。

支撑着地缓冲与后蹬

在此过程中，支撑腿首先要做一个落地缓冲的动作，下肢肌肉需要进行离心收缩，使身体在下落时保持稳定。然后再进行向后蹬地的动作，为身体产生向前的推进力，这时候下肢肌肉快速转变为向心收缩。在转换过程中，就可能出现各类损伤。

腾空体后折叠摆腿

在这个阶段，下肢蹬地腾空，膝关节屈曲，小腿向着大腿折叠，然后积攒能量，准备向前迈腿。此过程中，下肢受力有所减小，但大腿后侧的肌肉和腰臀核心部分的肌肉需要反复做功，在跑步距离比较长、速度比较快的情况下，还是很容易出现损伤的。

支撑摆腿

在这个阶段，髋部带动下肢向前摆腿，也就是向前迈步，获得前进的距离。此过程中，髋部、一侧腿大腿前侧的肌肉需要发力，以便于获得向前的速度和步长，对侧腿需要给予坚实的支撑。速度越快、步长越大，支撑腿受到的地面反作用力就越大。所以，跑步运动很剧烈时容易在此阶段产生下肢的损伤。

腾空体前"趴地式"着地摆腿

最终迈向前方的腿需要通过落地获得动力，此时，前足需要有一个向后趴地的动作，才能让身体再次获得向前的动能。此过程中，足部和踝部需要承受一定的地面反作用力，体重越大、速度越快，这个反作用力就越大，而且循环此过程，足部和踝部受到损伤的风险自然就会升高。

2.3 跑步运动易损伤部位

对于健身人群，跑步运动益处良多，而且跑步技术简单易学。但跑步也是一项有损伤风险的运动，据各国流行病学调研，每年都有 19% 到 79% 的跑步者受伤。一年中，跑步者都会有一段时间因为受伤而无法坚持运动。

跑步运动的损伤风险因素很多，一般分为 4 类。

1. 全身性的风险因素（性别、体重、柔韧性）。

2. 与跑步相关的风险因素（训练频率、训练变化、训练地形、训练距离、跑步经验、跑步速度）。

3. 跑步者既往健康状况（既往受伤状况、医疗问题）。

4. 现有的生活方式（久坐不动的工作、吸烟、酗酒等）。

基于以往的研究和调查，跑步者容易出现损伤的部位包括腰部、髋关节和骨盆、踝部、足部、小腿和膝部，这中间又以膝部、小腿、足部和踝部损伤最高发。而且大多数与跑步有关的运动损伤都是过度使用造成的，除非跑步时不慎摔倒，否则跑步者出现急性损伤的情况很少。

膝部、小腿损伤

在跑步运动中，发生损伤概率最大的部位是膝部和小腿。虽然这些损伤多发于肌腱、肌肉、滑囊等软组织，而且多是慢性损伤，短期内不会引起过多的功能障碍，但这些损伤若是没有被正确处理，长年累月积攒起来，最终爆发时会比较严重。例如疲劳性骨膜炎导致的疲劳性骨折、膝关节的重度骨关节病等。在整个跑步过程中，膝部和小腿既要承受躯干的大部分压力，又要将地面反作用力传导到躯干，所以会反复受到应力刺激。此外在跑步的各个阶段，膝关节需要反复屈伸，还需要平衡身体重力，控制身体前后倾或左右摇摆，这些都会提升膝关节磨损的风险。小腿的肌肉、肌腱众多，但只有胫骨、腓骨两根主要骨性结构支撑，这两根骨需要承受跑步过程中的全部应力，不像足部和踝部，有多个骨性结构、韧带、肌腱和关节可以分散应力。所以跑步运动中小腿受伤风险高也是不难理解的。

其他部位损伤

髋关节和骨盆、腰椎也可能在跑步过程中出现损伤。这些损伤多是核心力量欠缺或失衡导致的。地面的反作用力，经过足部、踝部、小腿、膝部、大腿层层缓冲和吸收，传导到髋部、腰部等部位时已经被分散了很多，所以这些部位一般不会出现应力刺激和磨损。但是如果跑步姿势不佳、技术动作错误导致髋关节和骨盆、腰椎等经常处于倾斜、扭转或紧张状态，这些部位也易发生运动损伤。

足部和踝部损伤

在跑步过程中，有两个重要的力学阶段，即着地缓冲和踩地发力，足部和踝部在这两个阶段中要跟地面接触并受力。由于跑步时需要加速和减速，足部和踝部承受的应力是大于体重的，而且如此大的应力并不仅仅以一种形式释放。从生理学上讲，着地缓冲时肌肉需要离心收缩，而踩地推动身体前进和上升的过程中，肌肉需要向心收缩。这两个过程是无缝衔接的，需要很快转换，所以足部和踝部的肌肉等软组织需要在短时间内完成离心收缩和向心收缩的快速转换，这就大大增大了损伤概率。另外，为了减少膝部和小腿的受力，并维持身体稳定，足部和踝部也会把跑步过程中的一些应力进行分散、吸收，但是如果吸收的应力超过了组织的承受能力，损伤自然就会产生。

2.4 不同跑步类型常见损伤

"裸足"跑与穿跑鞋跑常见损伤

"裸足"跑并不是光脚跑，它一般指不穿带有缓冲垫的专业跑鞋进行跑步锻炼的跑步形式。所以那些习惯于不穿鞋、穿平底鞋的跑者都算"裸足"跑者。由于没有缓冲垫的作用，跑者在跑步时会不自主地使用前足，即前脚掌着地并发力，因为这样才能有效利用足部的解剖结构，将地面反作用力通过中足、后足传导至踝部、小腿等。在传导过程中，应力不断被分散、吸收。足部由于与地面接触的直接性和敏感性，可以随时对地面反作用力和身体的不稳定性进行调整，防止跑姿错误，使受力最小化。所以"裸足"跑对足部、踝部、小腿、膝部等还是有益处的。但是由于没有缓冲垫的保护，足部难免会受到反复应力的摩擦，甚至出现水疱、擦伤等。此外，由于受力过于集中在前脚掌，前脚掌的骨、肌腱、肌肉、韧带、关节等结构较容易损伤，常见的损伤有跖骨疲劳性骨膜炎、足部应力性骨折等。

跑鞋的出现对跑步成绩的提升无疑是革命性的，但通过对长期流行病学调查结果的分析可发现，相比于"裸足"跑，穿跑鞋跑并不能更有效地降低损伤发生的概率。由于高科技鞋垫的缓冲作用，穿跑鞋跑者通常以后足着地，这样会将地面反作用力直接传导至踝部、小腿等，使其承受更大的力，受损伤风险也就提升了。而且由于足底受到跑鞋的过度承托，降低了足部的本体感觉，使足部在跑步过程中无法获得快速的感觉反馈，这对于运动损伤的预防是不利的。

总之，"裸足"跑和穿跑鞋跑各有利弊，跑者应按照个人习惯进行选择。

短跑、中长跑和马拉松运动常见损伤

短跑一般不被当作健身的运动项目。短跑能力是速度、力量、爆发力等身体素质的综合反映。短跑时，下肢肌肉强力、快速收缩，肌肉在最大限度的离心收缩、向心收缩之间进行最快速的转换，下肢肌肉发生急性损伤的风险非常高，肌肉拉伤、韧带损伤等时有发生，而且难以避免。其中尤以大腿后侧的肌肉为甚。

中长跑和马拉松运动的方式和损伤类型比较相似，两者只是跑步距离不同。中长跑和马拉松运动的损伤多以劳损型损伤为主。肌肉、肌腱等组织反复发力，发生局部的微细损伤，时间过长就会导致肌腱炎、肌腱病、软骨磨损、骨膜炎。

第3章

膝部及小腿损伤的预防与康复

- 膝部解剖学
- 膝部常见损伤

3.1 膝部解剖学

膝关节由胫股关节（由胫骨近端与股骨远端构成）和髌股关节（由髌骨与股骨远端构成）组成，主要运动为矢状面上的屈曲与伸展、水平面上的内旋与外旋。

肌肉

前面观

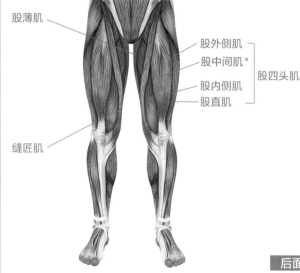

股薄肌
股外侧肌
股中间肌*
股内侧肌 } 股四头肌
股直肌
缝匠肌

肌肉介绍

股直肌：起于髂前下棘，止于胫骨粗隆，具有使膝关节伸展和髋关节屈曲的功能。

股内侧肌：起于股骨粗线内侧唇，止于胫骨粗隆，具有使膝关节伸展的功能。

股外侧肌：起于股骨粗线外侧唇，止于胫骨粗隆，具有使膝关节伸展的功能。

股中间肌*：起于股骨体前面，止于胫骨粗隆，具有使膝关节伸展的功能。

股薄肌：起于耻骨下支，止于胫骨近端内侧，具有使膝关节屈曲和内旋、髋关节屈曲和内收的功能。

缝匠肌：起于髂前上棘，止于胫骨近端内侧，具有使膝关节屈曲和内旋，以及髋关节屈曲、外旋和外展的功能。

后面观

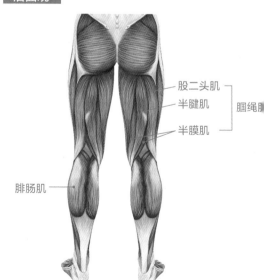

股二头肌
半腱肌 } 腘绳肌
半膜肌
腓肠肌

肌肉介绍

半腱肌：起于坐骨结节，止于胫骨近端内侧，具有使膝关节屈曲和内旋、髋关节伸展、骨盆后倾的功能。

半膜肌：起于坐骨结节，止于胫骨内侧髁后面，具有使膝关节屈曲和内旋、髋关节伸展、骨盆后倾的功能。

股二头肌：长头起于坐骨结节，短头起于股骨粗线外侧唇，整体止于腓骨头，具有使膝关节屈曲和外旋、髋关节伸展、骨盆后倾的功能。

腓肠肌：内侧头起于股骨内上髁后面，外侧头起于股骨外上髁后面，远端通过跟腱附着于跟骨结节，具有使膝关节屈曲、踝关节跖屈的功能。

注：*指深层肌肉，全书余同。

骨骼和韧带

前面观

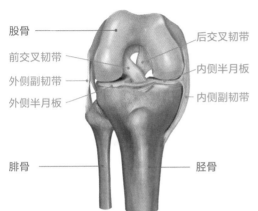

股骨
前交叉韧带
外侧副韧带
外侧半月板
腓骨
后交叉韧带
内侧半月板
内侧副韧带
胫骨

后面观

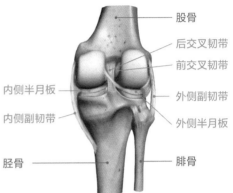

股骨
后交叉韧带
前交叉韧带
外侧副韧带
外侧半月板
内侧半月板
内侧副韧带
胫骨
腓骨

骨骼和韧带介绍

股骨：人体最长的骨，由近端、股骨体和远端构成，也被称为大腿骨。

胫骨：与腓骨构成小腿，是人体第二长的骨。

腓骨：与胫骨构成小腿，呈三棱柱状，是人体最细的长骨。

半月板：新月形的纤维软骨盘，分内、外侧且二者分别位于胫骨内侧髁、外侧髁的顶部，可减小关节面的摩擦力和压力，并通过改善膝关节的吻合度来提升其稳定性。

前交叉韧带：起于股骨外侧髁内侧，止于胫骨髁间隆起的前侧，可稳定膝关节，防止胫骨过度前移、股骨过度后移，防止膝关节过度伸展、外翻、内翻和在水平面上过度旋转，也被称为前十字韧带。

后交叉韧带：起于股骨内侧髁外侧，止于胫骨髁间隆起的后侧，可稳定膝关节，防止胫骨过度后移、股骨过度前移，防止膝关节过度屈曲、外翻、内翻和在水平面上过度旋转，也被称为后十字韧带。

内侧副韧带：起于股骨内上髁，止于胫骨内侧髁，可稳定膝关节，防止膝关节外翻、过度伸展，也被称为胫侧副韧带。

外侧副韧带：起于股骨外上髁，止于腓骨头，可稳定膝关节，防止膝关节内翻、过度伸展，也被称为腓侧副韧带。

★ 髌骨：包绕于股四头肌肌腱中的籽骨，活动度大，异常滑动或半脱位的风险高，也被称为膝盖骨。

★ 髌韧带：位于膝关节囊前面，从髌骨的下缘向下止于胫骨粗隆，可以帮助伸膝及稳定膝关节。

3.2 膝部常见损伤

髌股关节疼痛综合征

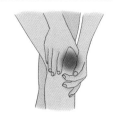

　　髌股关节疼痛综合征,是膝关节最常见的损伤之一,与在跑步运动中过度使用膝关节的关系比较大。几乎所有年龄的人和所有体育运动都可能涉及髌股关节疼痛综合征,而且屈曲膝关节的活动会导致疼痛加剧,例如坐下、爬楼梯和驾车。

症状

疼 痛　膝前部通常出现疼痛,但是在髌股关节退行性病变的情况下(在年龄较大的跑者中更常见),这种疼痛可能放射到膝后部。局部压痛可能出现在髌骨的任何部位,前内侧关节线压痛很常见。

肿 胀　跑步后会出现关节积液,导致关节肿胀。

功能影响　影响蹲位站起、跑坡面等需要屈伸膝关节的动作。

X 光片检查　可能会显示髌股关节对位、对线欠佳和退行性病变。

磁共振成像检查　可能会显示髌股关节软骨异常信号。

诱因

- 跑步运动中过度使用膝关节或膝关节运动频率突然提高。
- 膝关节外翻。
- 足部异常(后足外翻和前足下垂)。
- 髌骨不稳。
- 股四头肌无力。

预防指导

- 拉伸股四头肌、腘绳肌、臀中肌、臀大肌。
- 强化腹横肌、腹直肌、腹内斜肌、腹外斜肌、股四头肌、腘绳肌、臀中肌力量。
- 提升核心稳定性、下肢柔韧性,增强下肢肌肉力量。
- 优化步态、跑步模式。
- 佩戴足矫形器、护膝。

处理指导

急性期

- 根据 RICE 原则进行消肿止痛等处理。

● 使用定制的髌骨贴扎结合运动治疗，以帮助即刻减轻疼痛。

非急性期

● 绝大多数髌股关节疾病都可以通过非手术疗法得到改善。通常建议参加家庭锻炼计划，这些计划侧重于加强股四头肌和腘绳肌的力量，兼顾强化臀部及核心力量。

● 超声波和电刺激可能有助于康复。

● 如果出现肿胀或剧烈的疼痛，非甾体抗炎药可能有用。

● 可调节护膝可能有助于康复。

● 在康复期间，应避免锁定膝盖，也应避免任何极端的弯曲姿势（盘腿而坐、跪着或下蹲）或腿部过伸姿势（将腿伸靠在桌上）。

● 如果经过 6 个月的治疗后效果不明显，磁共振成像检查有助于评估其他可能导致症状的原因。

康复中后期推荐训练计划

页码	动作名称	动作图片	训练频率	单次训练
121	迷你带蚌式训练		1~2 次 / 天	10 次 ×3 组
122	迷你带向前行走训练		1 次 / 天	10 次 ×4 组
109	弹力带 – 仰卧 – 卷腹		1~2 次 / 天	10 次 ×3 组
110	弹力带 – 侧卧 – 单侧伸膝		1 次 / 天	10 次 ×3 组

重返跑步运动

● 通常要停止跑步运动几周到 6 个月，如果做了手术可能需要 3 ~ 6 个月才能重返跑步运动。在重返跑步运动之后，如果疼痛或无力感仍然存在，建议继续治疗。可以使用髌股关节护具，但是它们只是辅助治疗物品，不是治疗方法。

髂胫束摩擦综合征

髂胫束（ITB）的膝盖侧面到胫骨附着处节段容易产生炎症反应，这往往与过度使用膝关节有关，常发生于跑步运动中。髂胫束受损和训练量增加的关系十分密切。在跑步过程中，当膝关节屈曲 30 度时，位于髂胫束与股骨外上髁间隙的软组织受到挤压和摩擦，进而引起疼痛并诱发炎症反应。这种挤压和摩擦偶尔也可能引发髂胫束近端疼痛。

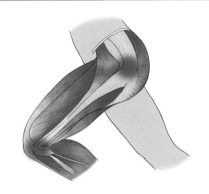

症状

疼痛 疼痛一般局限于髂胫束在膝盖外侧的部位。

肿胀 一般不明显。

功能影响 跑步中会感到疼痛，导致训练困难或无法完成训练。

体检 髂胫束的膝盖侧面沿线出现界限明确的局部压痛。通常没有局部软组织肿胀。

X 光片检查 膝关节 X 光片通常显示正常，但是应该通过 X 光片来排除其他损伤。

诱因

● 髂胫束过度紧张，或者先天性的臀肌挛缩。

● 跑量突然增加。

● 膝内翻，沿着髂胫束的张力增加。

预防指导

● 拉伸阔筋膜张肌、股四头肌。

● 强化股四头肌内侧头力量。

● 跑步时穿运动鞋、使用支撑鞋垫。

处理指导

急性期

● 休息，并避免反复屈伸膝关节。

● 使用局部注射糖皮质激素和口服非甾体抗炎药的方法。
● 冰敷患区。

非急性期

● 手法治疗。一般患者很难独自正确地拉伸髂胫束，因此建议寻求物理治疗师的协助。
● 局部理疗。例如对股骨外上髁（膝盖的外侧）附近有压痛的部位使用超声波和电刺激。
● 使用泡沫轴、花生球或扳机点球来放松髂胫束，同时注意提升核心稳定性。使用泡沫轴、花生球或扳机点球来放松髂胫束可能会导致更多的损伤，但是这是正常的，这意味着你的肌腱很紧。坚持使用泡沫轴、花生球或扳机点球来放松髂胫束，每天放松 2 ~ 3 分钟。

康复中后期推荐训练计划

页码	动作名称	动作图片	训练频率	单次训练
101	花生球 – 髂胫束放松		1 次 / 天	30 秒 ×3 组
104	泡沫轴 – 侧卧 – 髂胫束放松		1~2 次 / 天	30 秒 ×3 组
109	弹力带 – 仰卧 – 卷腹		1~2 次 / 天	10 次 ×3 组

重返跑步运动

● 髂胫束损伤的修复时间通常需要 4 周，特殊情况下时间会更长。在日常活动中髂胫束没有或只有极少疼痛情况时，可以考虑重返跑步运动。但跑量必须循序渐进，在无疼痛的情况下递增。

髌腱炎

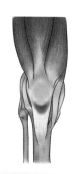

　　髌腱是连接胫骨与髌骨的肌腱。髌腱炎又叫"跳跃者膝"，是发生在髌腱上的轻微损伤或胶原蛋白退化变性。该损伤常发生在跳跃和转向较多的运动中，例如足球、篮球、田径、排球、滑板等运动。

症状

疼 痛 有压痛、伸膝痛，髌骨底部和胫骨顶端有尖锐刺痛。病情严重时，上下楼梯也会有痛感。

肿 胀 有可能出现肌腱肥大，从而导致局部肿胀。

磁共振成像检查 可用于诊断病情。

诱因

● 髌腱的过度使用。髌腱向下连接胫骨，向上连接髌骨。如果跑步、跳跃动作太多，髌骨承受压力过大，易造成髌腱损伤。

● 核心稳定性不足。核心稳定性不足会导致下肢活动受影响，加大膝关节的压力，长期如此易导致髌腱炎。

● 股四头肌和腘绳肌的柔韧性差。股四头肌和腘绳肌的柔韧性差也会导致压力被转嫁给髌腱。

● 场地地面过于坚硬。场地地面过于坚硬会导致运动时膝部缓冲性小，易对髌腱造成压力和损伤。

预防指导

● 拉伸股四头肌、腘绳肌、髂腰肌、臀大肌。

● 强化股四头肌、腘绳肌、臀中肌力量。

● 提升平衡能力、本体感觉。

● 避免反复、高强度弹跳的运动模式。

● 进行跑步着地缓冲动作的安全教育、注意跑步地面的选择，避免在过硬或不平整的路面上进行长时间的跑步运动。

处理指导

急性期

● 可在损伤后 48 小时内，根据 RICE 原则进行处理，这样既能稳住病情，也能使伤处更好地愈合。

● 采用抗炎治疗。

非急性期

● 局部手法按摩。进行局部手法按摩能促进人体的血液循环和新陈代谢，对髌腱炎康
复有益。

● 对损伤部位进行热敷。

● 在后期炎症与疼痛消失后，可针对下肢和骨盆区域进行稳定性训练，以逐步恢复训
练水平。

● 力量训练，尤其是股四头肌力量训练。力量训练的顺序为肌肉的等长收缩训练、向
心收缩训练、离心收缩训练。

● 训练后进行拉伸及泡沫轴放松。

● 如果恢复时间较长，有可能需要进行手术治疗。

康复中后期推荐训练计划

页码	动作名称	动作图片	训练频率	单次训练
112	分腿蹲 – 原地		1~2 次 / 天	10 次 ×4 组
124	落地缓冲原地主动降重心训练		1 次 / 天	10 次 ×3 组
98	被动拉伸 – 固定式屈膝 – 股四头肌		1~2 次 / 天	30 秒 ×3 组
113	泡沫轴滚压大腿前侧		1~2 次 / 天	30 秒 ×3 组

重返跑步运动

● 重返跑步运动的时间根据患者个人症状改善时间而定,若采用非手术手段进行治疗，
6 周内一般不建议重返跑步运动。6 周后可以逐步恢复跑步运动，注意应循序渐进地
增加运动量。

半月板损伤

半月板是位于膝关节中心区域的类似于软骨垫的解剖结构，它附着在胫骨平台，与股骨也有紧密的连接。在跑步运动中，半月板起到缓冲、减震的作用，可有效地保护膝关节的软骨免受过度应力刺激和磨损。

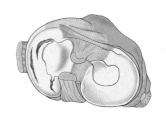

膝关节受到较大作用力或长期磨损时，半月板会出现损伤，甚至撕裂，而半月板的损伤或撕裂会导致膝关节出现疼痛、肿胀、绞锁症状。

症状

疼 痛 膝关节间隙内有疼痛感。按压膝关节或小腿转动时，有痛感。甚至睡觉时，膝盖位置有痛感。

关节活动 屈伸膝关节时伴有痛感，无法做到完全屈曲或伸直膝关节。严重时会发生绞锁现象。

肿 胀 损伤发生后会有肿胀现象，或有关节积液。

磁共振成像检查 可用于诊断半月板是否撕裂。

诱因

● 膝部扭转。在运动中进行变向或转体时，膝部在扭转的过程中产生半月板损伤。这种诱因最为常见。在大腿与小腿不同步扭转时，如小腿与足部处于静止状态，而躯干及大腿发生扭转，这就造成了膝部扭转，在这种情况下半月板易损伤。

● 下肢过度劳累，造成下肢过度旋前。下肢过度旋前造成的膝外翻，使膝关节稳定性降低，压力增大，提升半月板受伤风险。

● 核心稳定性不足。核心缺乏稳定性，下肢动作没有稳定的平台，会提升半月板受伤风险。

● 膝部外侧受到强力撞击。来自膝部外侧的撞击力，会给半月板带来很大的压力。

预防指导

● 拉伸股四头肌、腘绳肌、臀中肌。

● 强化臀中肌、股内侧肌力量。

● 提升膝关节稳定性。

● 运动前热身，佩戴膝关节支具。

处理指导

急性期

● 可在损伤后 48 小时内，根据 RICE 原则进行处理，这不仅能稳住病情，还能使伤处更好地愈合。

● 采用抗炎治疗。

● 及时就医。

非急性期

● 半月板撕裂，需要通过手术治疗，缝合或修整。

● 半月板部分损伤可以考虑保守治疗，一般可进行物理治疗，锻炼下肢肌肉力量和稳定性。

● 佩戴膝关节护具。

康复中后期推荐训练计划

页码	动作名称	动作图片	训练频率	单次训练
110	弹力带 – 侧卧 – 单侧伸膝		1 次 / 天	10 次 ×3 组
139	窄距 – 半蹲		1 次 / 天	10 次 ×3 组
106	瑞士球 – 单腿下蹲		1 次 / 天	10 次 ×3 组
108	弹力带 – 坐姿 – 单侧踝背屈		1~2 次 / 天	10 次 ×3 组

重返跑步运动

● 损伤较轻者，可在发生损伤 8~12 周后重返跑步运动。重返跑步运动后不排除偶尔会出现膝关节不稳定和疼痛的现象。

● 损伤较重者，需要进行手术治疗，经过康复训练，通常 3 个月后可以重返跑步运动。

● 重返运动后，在进行运动时建议佩戴护具。

膝关节扭伤

膝关节扭伤非常常见，如果膝关节扭伤不严重，一般不会引起膝关节结构的严重损伤。通常膝关节扭伤是过度扭转膝关节导致的。

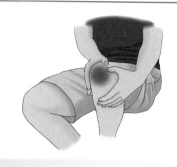

症状

疼 痛　扭伤时疼痛明显。

肿 胀　膝关节整体可能出现轻度肿胀。

功能影响　活动受限。

诱因

● 膝关节强行发力。一般是路面不平导致不慎摔倒时膝关节为了保持身体平衡而强行发力所致。

预防指导

● 拉伸股四头肌、腘绳肌。

● 强化核心肌群、臀大肌、股四头肌、腘绳肌力量。

● 避免过度剧烈运动，运动时使用护膝。

处理指导

急性期

● 立即冰敷膝关节，然后涂抹运动治疗药膏并使用敷布按压。

● 应予足够的制动以免病变加重。

非急性期

● 使用护膝固定 2~3 周。

● 理疗。例如脉冲短波、超声波治疗等。

● 针对膝关节进行拉伸、稳定性、力量及动作模式训练。

● 若出现膝关节反复肿胀、不稳定、绞锁等症状，需要及时就医。

康复中后期推荐训练计划

页码	动作名称	动作图片	训练频率	单次训练
141	热身 – 膝关节		1~2 次 / 天	10 次 ×3 组
140	椅式 – 架腿压		1~2 次 / 天	30 秒 ×3 组
134	坐姿 – 腿部后侧拉伸		1~2 次 / 天	30 秒 ×3 组
129	静态 – 臀桥		1 次 / 天	30 秒 ×3 组
125	落地缓冲跳上跳箱训练		1 次 / 天	10 次 ×3 组

重返跑步运动

● 症状缓解后，可以考虑重返跑步运动，但运动初期若感觉症状反复，应及时复诊。

膝骨关节病

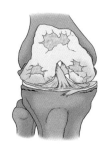

膝骨关节病也称为膝关节骨性关节炎，是一种关节软骨的原发性退行性改变或磨损。关节软骨会发生变薄、变脆等改变，并且关节内逐渐出现炎症反应，导致一系列症状。

症状

疼 痛　在移动膝关节的时候，如跑步、走路、上下楼梯甚至从坐姿变为站姿时，都会感觉到膝关节处的疼痛。

肿 胀　运动过量或晨起时，膝关节处会出现肿胀和僵硬。

功能影响　严重时会限制患者的行动。

X 光片检查　可利用 X 光片检查进行确诊。

磁共振成像检查　可以用于进行早期评估，并判断有无半月板损伤。

诱因

● 既往的膝部损伤。既往的膝部损伤如果处理不及时，会提升罹患膝骨关节病的风险。

● 遗传。如果直系亲属都患有膝骨关节病，需要特别关注自己的膝盖，出现问题请尽早就诊。

● 跑量过大。过度使用膝关节。

● 核心力量、下肢力量较差，或者下肢先天性畸形。例如 X 形腿、O 形腿等。

预防指导

● 拉伸股四头肌、腘绳肌、臀中肌、臀大肌、髂腰肌。

● 强化股四头肌、腘绳肌、臀中肌力量。

● 提升核心稳定性、足踝稳定性。

● 优化上下楼梯姿势、跑步姿势。

● 疼痛时避免跑步、爬山、下楼梯等动作。

处理指导

急性期

● 口服一些消炎止痛药，帮助消除疼痛和肿胀。

● 根据 RICE 原则进行治疗。

非急性期

● 保持适当运动（以下肢肌肉力量练习为主）。研究表明，规律的运动可以促进关节分泌润滑液、增强肌肉耐力和提升关节柔韧性、减轻磨损。

● 足过度内翻会在膝盖处施加更多压力。如果患者有足过度内翻的情况，在运动时应穿运动型跑鞋，并考虑使用足弓支撑垫。

● 谨遵医嘱，必要时采用手术治疗。

康复中后期推荐训练计划

页码	动作名称	动作图片	训练频率	单次训练
140	椅式 – 架腿压		1~2 次 / 天	30 秒 ×3 组
139	窄距 – 半蹲		1 次 / 天	10 次 ×3 组
111	徒手蹲 – 单腿		1 次 / 天	10 次 ×3 组
130	跪姿 – 直膝后踢腿		1~2 次 / 天	10 次 ×3 组
121	迷你带蚌式训练		1~2 次 / 天	10 次 ×3 组

重返跑步运动

● 急性期关节肿胀疼痛缓解后，可以逐渐恢复跑步运动。跑量从自己最高水平的 50% 开始，低配速，长间歇。

鹅足肌腱炎

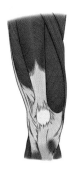

　　膝关节的内侧偏下方有缝匠肌、股薄肌、半腱肌的止点，它们形成了鹅足的形状，因此这个部位的炎症反应被称为"鹅足肌腱炎"。

症状

疼 痛　膝关节内侧发生疼痛，位置通常在膝关节下方 3~5 厘米处，存在触痛感。

肿 胀　滑囊内有液体流出，可能存在轻微肿胀。

功能影响　膝关节屈曲或下台阶时会感到疼痛和僵硬，进行爬楼梯等活动时疼痛加剧，日常生活受限。

X 光片检查　一般的影像检查无法发现。

诱因

● 膝关节疲劳。跑步时下肢容易向外侧旋转，若脚部着地时已经发生旋转，蹬地之后旋转的力量依旧会作用在腾空的脚上，导致疲劳积蓄在膝关节上。在环形跑道上跑步通常会导致双下肢发力和受力不一致，在跑道上逆时针跑步，可能引发左膝出现鹅足肌腱炎，顺时针跑则可能引发右膝出现鹅足肌腱炎。

● 腘绳肌过度紧张。

● 错误的训练方式。如不注重拉伸放松、突然增加训练量以及进行过度的登山练习等。

● 下肢力线异常。如足部过度旋前。

● 体重过大。

预防指导

● 增强膝部肌肉的肌肉耐力和提升离心收缩能力，尤其是鹅足肌群。

● 优化髋关节、膝关节和踝关节协同发力模式，避免膝关节肌肉过度受力。

● 日常生活中注意膝关节的休息放松，避免过度劳累，注意保暖；跑前充分热身；合理使用膝关节护具，减小受伤概率；跑后及时拉伸放松，也可以由物理治疗师进行各种技术的放松。

● 日常跑步运动中要注意纠正跑步姿势，可以通过跑步时双臂逆时针摆动的方式来练习。

● 穿合适的跑鞋，使用合适的矫形鞋垫，以及在合适的场地训练。

处理指导

急性期

● 根据 RICE 原则进行处理。

● 使用非甾体抗炎药。

● 若情况较为严重，需要注射皮质类固醇进行治疗。

非急性期

● 理疗。

● 使用弹性绷带进行固定。

● 针对膝关节周围肌肉进行放松和拉伸训练，加强下肢肌肉力量。

康复中后期推荐训练计划

页码	动作名称	动作图片	训练频率	单次训练
114	泡沫轴滚压大腿后侧		1~2 次 / 天	30 秒 ×3 组
124	落地缓冲原地主动降重心训练		1 次 / 天	10 次 ×3 组
125	落地缓冲跳上跳箱训练		1 次 / 天	10 次 ×3 组
126	落地缓冲跳下跳箱训练		1 次 / 天	10 次 ×3 组

重返跑步运动

● 经医生检查，且身体各方面达到恢复训练和比赛的标准时可以重返跑步运动。

胫骨内侧应力综合征（疲劳性骨膜炎）

　　胫骨在反复应力刺激下会发生疼痛、肿胀等一系列症状。症状较轻时，骨膜没有变化，只是具备症状。但若处理不当，症状发展，会出现骨膜增厚现象，产生炎症等问题。

症状

疼 痛　胫骨中下部分有疼痛感。在跑步刚开始的时候出现疼痛感，继续运动疼痛感逐渐减轻。跑步结束后，腿部或胫骨内侧（靠近身体中线）的症状通常包括烧灼感或疼痛感。

肿 胀　疼痛部位可能有肿胀、发红等症状。

骨扫描　胫骨边缘沿线有局部吸收。

磁共振成像检查　可用于诊断骨质水肿和炎症反应情况。

功能影响　在踝关节屈伸运动时有无力感，疼痛也会有所加重。

诱因

● 训练强度、持续时间、训练量或频率等突然增加，或突然增加上坡跑训练。

● 运动时穿着不适合的鞋子或旧鞋。检查鞋底是否有过度和不均匀磨损。

● 小腿肌肉对骨膜的牵引力过强。

● 核心稳定性下降。

● 与小腿后侧相比，小腿前侧肌肉力量不足。

● 经常在坚硬的地面上跑步。

预防指导

● 拉伸小腿肌肉和下肢关节肌肉，尤其是比目鱼肌、蹈长屈肌、趾长屈肌、阔筋膜张肌和臀大肌。

● 强化小腿肌肉的力量，尤其是胫骨前肌、腓骨长肌、腓骨短肌。

● 增强小腿肌肉的肌肉耐力和提升离心收缩能力。

● 注意跑步落地时踝关节、膝关节的放松发力，避免小腿过度受力。

● 日常生活中注意小腿的休息放松，避免过度劳累，注意保暖；跑前进行充分热身；跑后及时拉伸放松。

● 穿合适的跑鞋，使用合适的矫形鞋垫以及在合适的场地训练。

处理指导

急性期

- 损伤发生后的 48 小时内，根据 RICE 原则进行处理，避免发生进一步损伤，同时加快伤处愈合速度。

- 抗炎治疗。

非急性期

- 减少跑量。

- 如果疼痛反复，甚至加重，应该及时就诊。

- 利用贴布或弹力绷带包扎。

- 放松及拉伸小腿肌肉，强化踝关节力量及提升踝关节灵活性。

康复中后期推荐训练计划

页码	动作名称	动作图片	训练频率	单次训练
132	坐姿 – 小腿拉伸		1~2 次 / 天	30 秒 ×3 组
116	泡沫轴滚压小腿前侧		1~2 次 / 天	30 秒 ×3 组
108	弹力带 – 坐姿 – 单侧踝背屈		1~2 次 / 天	10 次 ×3 组

重返跑步运动

- 建议跑者在低强度慢跑无任何疼痛的前提下，逐步恢复跑量，若出现症状反复，应随时调整。

小腿疲劳性骨折

小腿疲劳性骨膜炎如果继续发展，或受到较大外力，会发生小腿疲劳性骨折。胫骨在中 1/3 和下 1/3 交接处，骨形转变，易发生骨折，而且疲劳性骨折由于血液供应不足，容易引起骨折延迟愈合。

症状

疼痛 轻轻挤压受伤部位，胫骨和腓骨会出现剧烈疼痛。如果骨折导致神经受损，会出现小腿及足踝麻木或刺痛。

肿胀 骨折部位及下肢远端会出现明显肿胀。

X 光片检查 小腿骨折要做常规的小腿正、侧位 X 光片检查。

功能影响 会部分影响膝关节和踝关节功能。

磁共振成像检查 可用于骨折早期诊断。

诱因

● 直接暴力：外力直接撞击。

● 间接暴力：主要为扭曲暴力。

● 运动量较大，反复刺激。

预防指导

● 强化髋关节、膝关节、踝关节处的肌肉和核心肌群的力量。

● 提升平衡能力。

● 提升运动敏捷性和反应能力。

● 优化落地动作模式。

● 避免各种容易造成骨折的外界冲撞，远离危险环境。

● 穿戴护具，保护小腿不受到过大的外界冲击。

处理指导

急性期

● 即刻根据 RICE 原则进行处理。

● 前往医院进行治疗。

非急性期

● 保守治疗：只有在骨折稳定、未脱位，没有相关软组织损伤或有手术禁忌证的情况下，才应考虑进行保守治疗。保守治疗为手法复位后进行石膏固定，休息约 4~6 周；随后是处理石膏的负荷，以及将其更换成功能性小腿支架，并再佩戴 8~12 周。

● 手术治疗：若手法复位失败，形成严重不稳定骨折或多段骨折，需进行切开复位。

● 康复治疗：小腿骨折康复治疗的目的是促进骨折的愈合，恢复小腿负重、行走的能力。推荐拉伸及放松小腿肌肉，强化下肢肌肉力量。

康复中后期推荐训练计划

页码	动作名称	动作图片	训练频率	单次训练
132	坐姿 – 小腿拉伸		1~2 次 / 天	30 秒 ×3 组
116	泡沫轴滚压小腿前侧		1~2 次 / 天	30 秒 ×3 组
108	弹力带 – 坐姿 – 单侧踝背屈		1~2 次 / 天	10 次 ×3 组
123	平衡垫 – 站姿 – 单腿外展		1 次 / 天	10 次 ×3 组

重返跑步运动

● 经医生检查，确定骨折完全愈合，下肢力量恢复良好，可以逐渐恢复跑步运动。小腿疲劳性骨折愈合期比较长，一般需要 3 个月以上。

小腿拉伤 / 劳损 / 肌腱病

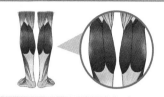

小腿拉伤 / 劳损 / 肌腱病主要发生于膝关节和小腿后侧。患者感到刺痛的原因，主要是小腿肌肉的过度疲劳或不慎拉伤。

症状

疼痛　感到小腿后方或膝关节后方刺痛、胀痛。

肿胀　小腿中段明显肿胀。

功能影响　严重时不可久站，不能长时间行走。上下楼梯、蹲位站起等活动出现困难。

X 光片检查　多表现正常。

磁共振成像检查　腓肠肌磁共振成像检查可能表现有 T2 相的高信号。

诱因

● 运动量大及过度疲劳。

● 在跑步过程中，小腿肌肉过于放松。脚部着地以后，如果膝关节伸直时脚腕过于僵硬，腓肠肌的上端会受到拉扯。为了使脚腕进行正确的动作，应该让比目鱼肌和腓肠肌中的一块肌肉用力时，另一块肌肉放松。

预防指导

● 拉伸比目鱼肌、腓肠肌。

● 强化肌肉力量，针对腓肠肌进行力量训练。

● 运动后充分休息，可以适当使用泡沫轴对小腿肌肉进行放松。

● 穿合适的运动鞋，踝关节背屈活动度不足的人可以穿足跟部适当垫高的运动鞋。

● 运动前充分热身，对下肢进行动态拉伸。

处理指导

急性期

● 充分休息，让受伤的肌肉保持放松。

● 冰敷缓解疼痛。

● 避免踝关节的背屈运动，可以使用固定护具或鞋加以限制。

● 疼痛严重者可服用非甾体抗炎药。

非急性期

● 选用合适的鞋子。这种病症的患者在脚部着地到摆腿的过程中比目鱼肌过于用力，导致脚尖着地之后脚后跟不容易着地。此外，为了蹬地时容易提起脚后跟，可选用分体式外底的鞋子。

● 拉伸比目鱼肌，改善踝关节灵活度。在膝关节微屈的状态下，使踝关节做被动背屈。

● 使用泡沫轴放松小腿后侧肌肉。

● 在几乎无痛的情况下，可以拉伸腓肠肌。保持膝关节伸直，同时踝关节被动背屈。

● 使用运动功能贴布对疼痛处进行贴扎。

康复中后期推荐训练计划

页码	动作名称	动作图片	训练频率	单次训练
133	站姿 – 比目鱼肌及跟腱拉伸		1~2 次 / 天	30 秒 ×3 组
131	坐姿 – 抬脚尖		1~2 次 / 天	10 次 ×3 组
117	泡沫轴滚压小腿后侧		1~2 次 / 天	30 秒 ×3 组
132	坐姿 – 小腿拉伸		1~2 次 / 天	30 秒 ×3 组

重返跑步运动

● 经医生检查，腓肠肌不再疼痛，踝关节和膝关节活动度恢复正常，下肢力量恢复正常，可以重返跑步运动。

筋膜室综合征

　　小腿由胫、腓骨间膜，小腿前外侧及后外侧肌间隔分为四个间隙。这四个间隙从主体上看即延伸为四个筋膜室。跑步运动中如果运动量过度，导致严重水肿，可能产生筋膜室综合征。这种病症是小腿肿胀时，使筋膜室的压力升高， 甚至使肌肉供血不足，引起肌肉的氧气和营养物质缺乏。如果该过程继续下去，可能会导致肌肉死亡。

症状

疼 痛　疼痛和损伤程度不成比例。休息时疼痛，被动屈曲膝关节时疼痛，出现弥漫性压痛。

肿 胀　小腿中段肿胀会比较明显。

功能影响　严重时不可久站，不能长时间行走。上下楼梯、蹲位站起等活动出现困难。

感觉障碍　运动障碍和无脉搏已经是晚期症状，意味着将出现更严重和永久性的肌肉损伤。

诱因

● 反复过度运动。

● 过度出血和水肿。在少数情况下，小腿肌肉挫伤后的过度出血和水肿可能导致筋膜室综合征。

● 凝血障碍。

● 外力压迫、加压包扎、石膏固定。

预防指导

● 运动中避免创伤，手术后避免包扎过紧，进行教育宣传，提高对创伤后小腿、前臂部位疼痛的警觉性。

处理指导

急性期

● 筋膜切开术。即通过手术切开筋膜，让肌肉获得充足的血液供应，检查并清除坏死的组织，同时清除血肿。

● 为了防止血栓，应进行抗凝治疗。

非急性期

● 在手术减压后要进行早期康复训练，以抑制肿胀、疼痛和肌肉萎缩，扩大活动范围。

● 移除所有包扎物，如夹板、石膏等。

● 保持患肢处于与心脏齐平位置，避免血流减少。

● 适当补液，增加组织灌注量。

重返跑步运动

● 在完整的康复计划结束之后，只要得到医生的批准，大多数人可以在 6 周内重返跑步运动。

第4章
足部和踝部损伤的
预防与康复

- 足部和踝部解剖学
- 足部和踝部常见损伤

4.1 足部和踝部解剖学

　　足部和踝部关节包括近端的距小腿关节、距下关节、跗横关节等，以及远端的跗跖关节、跖趾关节和跖骨间关节等，主要运动为矢状面上的背屈与跖屈、冠状面上的内翻与外翻、水平面上的内收与外展、组合运动中的旋前与旋后。其中，距小腿关节（通常被称为踝关节）由胫骨下关节面、内踝关节面、腓骨外踝关节面及距骨滑车构成，主要运动为矢状面上的背屈与跖屈。

肌肉

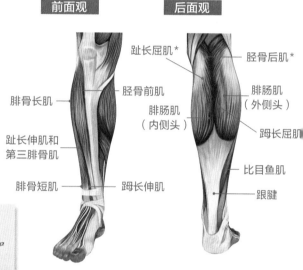

前面观　　　　　后面观

趾长屈肌*
胫骨前肌
腓骨长肌
趾长伸肌和第三腓骨肌
腓骨短肌
𧿹长伸肌

胫骨后肌*
腓肠肌（外侧头）
腓肠肌（内侧头）
𧿹长屈肌
比目鱼肌
跟腱

肌肉介绍

胫骨前肌：起于胫骨外侧面近端三分之二处和骨间膜，止于内侧楔骨内侧面和第一跖骨底，具有使踝关节背屈和足内翻的功能。

趾长伸肌：起于胫骨外侧髁、腓骨内侧面近端四分之三处和邻近骨间膜，止于外侧四趾的中节和远节趾骨底，具有使踝关节背屈、足外翻、足趾（𧿹趾外四趾）伸展的功能。

𧿹长伸肌：起于腓骨前面和邻近骨间膜，止于𧿹趾远节趾骨底，具有使踝关节背屈、𧿹趾伸展的功能。

第三腓骨肌：起于胫骨外侧髁、腓骨内侧面近端四分之三处和邻近骨间膜，止于第五跖骨底，具有使踝关节背屈和足外翻的功能。

腓骨长肌：起于腓骨外侧面，止于内侧楔骨外侧面和第一跖骨底，具有使踝关节跖屈和足外翻的功能。

腓骨短肌：起于腓骨外侧面，止于第五跖骨粗隆，具有使踝关节跖屈和足外翻的功能。

肌肉介绍

腓肠肌：见"3.1 膝部解剖学"中的相关内容。

比目鱼肌：起于胫骨和腓骨后面上部，远端通过跟腱附着于跟骨结节，具有使踝关节跖屈的功能。

胫骨后肌*：起于胫骨、腓骨和骨间膜的后面，止于舟骨粗隆、楔骨和第二至第四跖骨底，具有使踝关节跖屈和足内翻的功能。

趾长屈肌*：起于胫骨后面中部，止于第二至第五趾远节趾骨底，具有使踝关节跖屈和足趾（𧿹趾外四趾）屈曲的功能。

𧿹长屈肌*：起于腓骨后面远端三分之二处，止于𧿹趾远节趾骨底，具有使踝关节跖屈、足内翻和𧿹趾屈曲的功能。

跟腱：腓肠肌和比目鱼肌共同构成的全身最长、最强大的肌腱。

骨骼和韧带

外侧面观

内侧面观

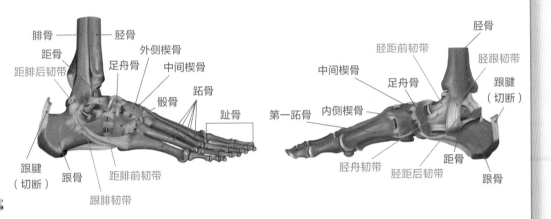

骨骼和韧带介绍

胫骨：见"3.1 膝部解剖学"中的相关内容。

腓骨：见"3.1 膝部解剖学"中的相关内容。

跗骨：位于足部后侧，共7块，分别为距骨、跟骨、足舟骨、骰骨、外侧楔骨、中间楔骨、内侧楔骨。

跖骨：位于足部中央，共5块，由内向外依次为第一至第五跖骨。

趾骨：位于足部前侧，共14块，由内向外依次为第一至第五趾骨，其中第一趾骨只有2节骨（近节、远节趾骨），第二至第五趾骨均有3节骨（近节、中节、远节趾骨）。

外侧副韧带：包括距腓前韧带、距腓后韧带和跟腓韧带，三者均起于腓骨外踝，分别止于距骨颈、距骨后突和跟骨；可稳定踝关节外侧，限制踝关节内翻；整体易发生扭伤，其中，距腓前韧带较为薄弱，最易扭伤，距腓后韧带较为发达，不易撕裂。

内侧副韧带：包括胫舟韧带、胫跟韧带、胫距后韧带和胫距前韧带，四者均起于胫骨内踝，分别止于舟骨粗隆、载距突、距骨内侧结节和距骨；可稳定踝关节内侧，限制踝关节外翻；也被称为三角韧带。

4.2 足部和踝部常见损伤

跟腱炎

跟腱是由腓肠肌、比目鱼肌的肌腱向下汇合于跟骨结节处形成的肌腱，呈 V 字形。跟腱的过度使用，会破坏肌腱的胶原纤维以及其排列方式，刺激肌腱产生液态物质，形成跟腱炎。

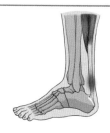

症状

疼 痛 脚后跟后侧疼痛。慢性，长期疼痛，在运动时疼痛加剧。在踝跖屈和踝背屈的过程中，痛点会转移。

肿 胀 如果跟腱发炎并发生撕裂，脚跟肌腱处有肿块。

磁共振成像检查 可以发现纺锤形增厚的跟腱，同时伴有跟腱内信号变化。

诱因

- 腓肠肌力量弱。虚弱的腓肠肌，导致跟腱要承受更多负荷，从而导致跟腱炎。

- 腓肠肌紧张。腓肠肌紧张，会拉动跟腱，使跟腱张力增大。

- 过度足内翻。过度足内翻会让双脚受力不均，跟腱的位置也会偏离正常位置，导致肌腱承受更多的压力。

- 跑步时跨步太大。大跨步会使身体重心不稳，且对双脚的冲力更大，易导致跟腱炎。

- 鞋袜不合适。

- 短时间内大量加大运动量。这会给跟腱带来异于平时的压力，使其因难以适应高强度运动而发炎。

- 热身不充分。肌肉和肌腱未能进入运动状态，弹性不足。

预防指导

- 拉伸腓肠肌、比目鱼肌和跟腱。

- 进行强化小腿后侧肌群的力量训练，提升跟腱、肌肉承受负荷的能力。

- 提升跟腱的弹性和韧性。

- 优化跑步与跳跃的动作模式。

● 在跑步锻炼和运动训练时要遵守循序渐进的原则,逐渐增加运动量和提高运动强度。当跟腱出现疼痛或不适症状时，应及时调整运动负荷或变换练习内容，避免或减少对跟腱的刺激。

处理指导

急性期

● 停止刺激跟腱的运动，及时就医。

● 每天冰敷跟腱 2~3 次，每次可敷 5~10 分钟。

● 使用具有舒张血管作用的乳霜。

非急性期

● 动态休息。可以进行不让跟腱感到疼痛的运动，例如骑自行车、游泳等。

● 经常用泡沫轴放松小腿肌肉，尤其是腓肠肌。

● 拉伸。在跟腱不感受到疼痛的前提下，对小腿肌肉进行拉伸，如直腿小腿拉伸或屈腿小腿拉伸。

● 跟腱疼痛消失后，进行强化腓肠肌力量的练习。

● 如果跟腱疼痛、肿胀连续数日不退，影响行走，需要就医。

● 离心运动。收缩肌肉使跟腱延长，产生的伸展应力能够使跟腱里的血流减少，从而有效缓解症状。

康复中后期推荐训练计划

页码	动作名称	动作图片	训练频率	单次训练
99	被动拉伸 – 屈膝脚跟按压 – 跟腱、比目鱼肌		1~2 次 / 天	30 秒 ×3 组
117	泡沫轴滚压小腿后侧		1~2 次 / 天	30 秒 ×3 组
107	弹力带 – 站姿 – 双脚提踵		1~2 次 / 天	10 次 ×3 组

重返跑步运动

● 疼痛完全消失，才可重返跑步运动。

踝关节扭伤

踝关节扭伤，即由外力冲击或运动失衡引发的踝关节周围韧带的撕裂现象。可能是一条韧带撕裂，也可能是同时好几条韧带撕裂，撕裂的程度可分为Ⅰ级、Ⅱ级、Ⅲ级。

最常见的损伤机制是内翻、跖屈和内旋。内踝相对较短以及踝关节自然倾向于内翻而非外翻通常会导致踝关节外侧扭伤。

踝关节韧带中最为薄弱的是距腓前韧带。当处于跖屈位的踝关节，骤然受到内翻暴力时，足内翻幅度比较大，韧带在此过程中会受到过度牵拉作用，该作用超出了韧带的正常生理负荷，从而最先导致距腓前韧带撕裂，进而导致扭伤加重，甚至发展至其他韧带。

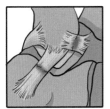   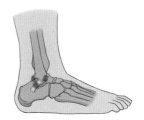

Ⅰ级撕裂　　　　　Ⅱ级撕裂　　　　　Ⅲ级撕裂

症状

疼 痛　根据损伤程度，疼痛分为轻度痛感、中度痛感以及剧痛。Ⅲ级扭伤（程度最严重）时，出现剧痛后痛感会消失。

肿 胀　Ⅰ级扭伤可能伴有肿胀，Ⅱ级、Ⅲ级扭伤有明显肿胀。

声 音　可能伴随响声。

关节活动度　Ⅰ级扭伤时，踝关节有僵硬现象，行走和跑动都有困难；Ⅱ级扭伤时，踝关节呈现不稳定状态，脚部活动困难，行走困难；Ⅲ级扭伤时，踝关节功能丧失，无法站立，无法行走。

X 光片检查　可判断是否有骨折、骨裂、脱位现象。

磁共振成像检查　可判断踝关节周围韧带有无撕裂现象，以及关节软骨是否有损伤。

诱因

● 下肢肌肉过度使用。下肢肌肉，尤其是臀部肌群与大腿肌群，如果使用过多，经常处于劳累状态，会导致髋关节、膝关节稳定性降低，造成下肢旋前、膝关节外翻，形成双腿长度与肌肉的不平衡状态，给踝关节带来压力；并且全身大部分负重都会集中在踝部，而踝关节周围软组织又比较薄弱，这样就易造成踝关节扭伤。

- 踝关节过度紧张。这种情况在跑步初学者中容易出现。初学者刚开始学习时，还做不到踝关节的自然放松，肌肉的长时间收缩会引发踝部酸痛，易导致踝关节扭伤。

- 有踝关节扭伤史。

- 来自外部的强大冲撞力。外力导致的踝关节扭伤常见于冲撞性比较强的运动中。

预防指导

- 拉伸腓肠肌、比目鱼肌、胫骨前肌、胫骨后肌、腓骨长肌、腓骨短肌。

- 强化腓肠肌、比目鱼肌、胫骨前肌、胫骨后肌、腓骨长肌、腓骨短肌力量。

- 提升下肢稳定性、核心稳定性。

- 运动前热身，运动时绑保护绷带。

处理指导

急性期

- 损伤发生后的 24 小时内，根据 PRICE 原则，做出正确、及时的处理。

- 根据疼痛、肿胀等症状进行判断，如疑似发生踝关节扭伤，尽快就医。

非急性期

- 进行必要的检查，判断踝关节周围软组织损伤状况，进行相应治疗。如有需要，接受手术治疗。在此期间，可以用拐杖帮助承重。

- 必要时吃一些消炎药（需医生指定药品），消除炎症，缓解疼痛。

- 疼痛和炎症逐渐消退之后，可以在关节承受范围内做一些简单的康复动作。注意刚刚开始康复时，脚可以做屈伸拉伸动作，但禁止做踝部旋转动作或内、外翻动作。一周后，可以适当做踝关节的旋转动作。

- 经常拉伸小腿肌肉，进行下肢力量训练和踝关节稳定性训练，有助于踝关节的康复，并为重返运动做好身体准备。

康复中后期推荐训练计划

页码	动作名称	动作图片	训练频率	单次训练
107	弹力带 – 站姿 – 双脚提踵		1~2 次 / 天	10 次 ×3 组
137	单脚 – 站立屈膝		1 次 / 天	30 秒 ×3 组
124	落地缓冲原地主动降重心训练		1~2 次 / 天	10 次 ×3 组
108	弹力带 – 坐姿 – 单侧踝背屈		1~2 次 / 天	10 次 ×3 组

重返跑步运动

● 经历必要的休息期，促进踝关节恢复。通常来说，Ⅰ级踝关节扭伤需要休息 1~2 周，
Ⅱ级踝关节扭伤需要休息 2~4 周，Ⅲ级踝关节扭伤需要休息 4~6 周。

● 重返跑步运动之前，建议找医生进行踝关节功能评估，了解自己踝关节的健康水平。

● 循序渐进地进行训练，逐步提升训练难度。

胫骨后肌腱炎

胫骨后肌腱是踝内后侧最大、最结实的肌腱，它为足弓的隆起提供支持。胫骨后肌腱拉伤常见于足内旋（扁平足）者或小腿外旋（鸭脚）者。胫骨后肌腱炎主要由过度使用和年龄增长性退行性病变造成的慢性微创伤引起。

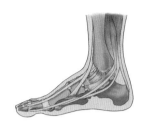

症状

疼痛 踝关节内侧往往经历不断加重的疼痛或慢性疼痛。

肿胀 腱鞘内的积液导致踝关节内侧肿胀。

功能影响 踝关节的内翻功能受到影响，单腿足跟抬高试验阳性。

其他 足弓呈渐进性扁平。

X光片检查 X光片通常表现为正常。

磁共振成像检查 可能提示肌腱异常信号或腱鞘内积液。

诱因

● 外在因素：胫骨后肌腱承受过重的负荷。运动时肌腱受力的持续时间、频率、强度的增加，以及技术动作的错误、跑鞋或运动护具的不合适都会对肌腱产生影响。

● 内在因素：包括解剖学因素、年龄相关因素和全身性因素。解剖学因素包括肌腱排列不齐、僵硬，以及肌肉无力或失衡等，常与年轻患者的慢性肌腱病有关。

预防指导

● 拉伸小腿肌肉，提升其柔韧性。重点拉伸踝跖屈肌和足内翻肌。

● 强化足部和踝部肌肉的力量，尤其是构成内侧足弓的胫骨后肌、胫骨前肌、趾长屈肌和蹈长屈肌等肌肉，另外也要强化腓肠肌、比目鱼肌的力量。

● 穿戴合适的运动鞋。选择能给足弓提供支撑的鞋或鞋垫。

● 控制体重。改善饮食与运动习惯，严格管理体重，避免大体重给足弓带来的压力。

● 优化跑步动作，矫正不良的跑步姿势。

● 运动前进行下肢动态拉伸。

处理指导

急性期

● 停止引发疼痛的活动，使足部和踝部充分休息。

● 冰敷，缓解疼痛肿胀。

● 服用抗炎镇痛药物。

● 穿靴子固定，如果疼痛剧烈，需要给足弓提供支撑物，例如使用鞋内矫形器或缠绕绷带，以减轻胫骨后肌腱的一些张力，减少炎症反应。

非急性期

● 超过 50 岁的人中，尤其是超重的女性，肌腱炎症可能逐步变得更严重，导致肌腱缓慢断裂和足弓坍塌(就像旧绳子,逐渐拉长并最终断裂)，需要通过手术重建缺陷肌腱。

● 除非存在严重的结构畸形，胫骨后肌腱炎一般需要进行 6~8 周的保守治疗。

● 理疗可使用药物离子导入、冰敷治疗，以减轻炎症。

● 轻度胫骨后肌腱炎可进行小腿后侧肌肉放松及足部力量训练。

康复中后期推荐训练计划

页码	动作名称	动作图片	训练频率	单次训练
132	坐姿 – 小腿拉伸		1 次 / 天	30 秒 ×3 组
133	站姿 – 比目鱼肌及跟腱拉伸		1 次 / 天	30 秒 ×3 组
119	筋膜球滚压踝关节		1~2 次 / 天	30 秒 ×3 组

重返跑步运动

● 在症状消退之后就可以重返跑步运动。可以考虑在运动中使用鞋内矫形器。

踝背屈肌腱病

踝关节背屈的功能是指抬脚的功能，跑步时这个动作是需要反复进行的。如果司职踝关节背屈功能的肌腱出现劳损，会导致肌腱炎或肌腱病。

症状

疼痛 踝关节前区和小腿前方在运动后或运动中会出现疼痛，以酸痛、胀痛为主。

肿胀 一般不会出现明显肿胀。

功能影响 影响踝关节背屈功能，但一般不会出现关节粘连。

X 光片检查 一般无须进行影像检查。

诱因

● 运动时足部和踝部肌腱受力的持续时间、频率、强度的增加，以及技术动作的错误、跑鞋或运动护具的不合适。

● 足部和踝部肌腱畸形、关节僵硬、肌肉无力或失衡。

预防指导

● 拉伸小腿前侧肌肉，提升其柔韧性。重点拉伸踝背屈肌腱。

● 强化足部和踝部肌肉的力量。

● 穿戴合适的运动鞋。选择能给足弓提供支撑的鞋或鞋垫。

● 控制体重。改善饮食与运动习惯，严格管理体重，避免大体重给足弓带来的压力。

● 优化跑步动作，矫正不良的跑步姿势。

处理指导

急性期

● 急性疼痛时可以按照 PRICE 原则进行处理。

● 使用护踝固定。

非急性期

- 理疗。建议采用超声波治疗等。
- 手法治疗。放松相关肌肉和肌腱。
- 利用泡沫轴或筋膜球放松相关肌肉和肌腱。
- 外用消肿止痛药物。

康复中后期推荐训练计划

页码	动作名称	动作图片	训练频率	单次训练
116	泡沫轴滚压小腿前侧		1~2 次 / 天	30 秒 ×3 组
119	筋膜球滚压踝关节		1~2 次 / 天	30 秒 ×3 组
120	脚尖屈伸训练		1 次 / 天	10 次 ×4 组

重返跑步运动

- 踝背屈肌腱病一般症状不严重，可以在症状减轻的情况下，随时恢复跑步运动，但跑量要从损伤前跑量的 50% 以下开始，循序渐进。

足底筋膜炎

足底筋膜，是从脚后跟一直延续到跖骨的筋膜带，它在保持脚部弓形、维持脚部着地时的稳定性、帮助脚部推离地面等方面，都发挥着作用。但如果足弓过高，或者小腿肌肉过紧，会导致筋膜的过度拉伸，从而形成足底筋膜炎。在跑步运动中，运动者易发生足底筋膜炎，并且需要较长的时间才能恢复健康。

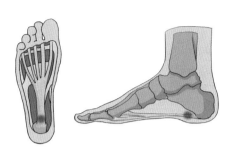

症状

疼痛　脚后跟内部疼痛，尤其是早上起床后。疼痛会放射至足底中心位置和足弓。脚跟底部有压痛。

功能影响　影响脚部离地的能力。

X 光片检查　有助于排除跟骨骨折或其他的骨性病理性改变，有助于发现跟骨下骨刺。

磁共振成像检查　可以看到筋膜厚度增加。

超声检查　可以提示足底筋膜炎的存在。

诱因

● 足弓过高。高足弓会带给筋膜较大的张力。

● 小腿肌肉紧张。小腿肌肉紧张，会拉动跟腱，并连带拉动跟骨和足底筋膜，导致足底筋膜炎。

● 跑步时间过长且没有休息。

● 脚跟跳跃动作过多。

● 踝关节背屈活动太少。

● 不正确的穿鞋习惯。

● 体重增加。

预防指导

● 拉伸足底筋膜和小腿三头肌。

● 强化足底肌群和下肢肌群的力量。

● 加强足对落地缓冲的控制。

● 在较软地面上跑步、穿合脚的跑鞋。有需要的运动者可以使用足弓支撑垫，控制训练量变化幅度，避免运动持续过量，每周最多增加 10% 的跑步里程。

处理指导

急性期

● 根据 RICE 原则进行处理，稳住病情。　● 外用消肿止痛药物。

● 停止进行刺激足底筋膜的运动。

非急性期

● 动态休息。可以进行不让足底筋膜感到疼痛的运动，例如骑自行车、游泳、用椭圆机运动等。

● 起床前先放松脚踝。使脚踝上下运动若干次，可以对跟腱和筋膜起到放松作用。

● 利用有弹性的球(例如网球、高尔夫球等)滚动放松足底,也可利用双手按摩放松足底,但注意应避开伤处。

● 穿带有足弓支撑垫的鞋子，缓解筋膜压力。

● 若两周后疼痛还未减轻，则需要就医。

康复中后期推荐训练计划

页码	动作名称	动作图片	训练频率	单次训练
102	筋膜球 – 足底筋膜放松		1~2 次 / 天	30 秒 ×3 组
100	被动拉伸 – 坐式足底按摩		1 次 / 天	30 秒 ×3 组

重返跑步运动

● 足底完全无痛后，可重返跑步运动。可重返跑步运动的时间不确定，短则几周，长则一年。

足部应力性骨折

　　应力性骨折的发生是长期负荷所致。跑步者的足部会出现应力性骨折，并且多发生在跖骨、跟骨、距骨及足舟骨。

　　应力性骨折是一种典型的过度使用导致的损伤。不像因为摔倒或者崴脚这样的外伤事件导致的骨骼受伤，应力性骨折仅仅是因为骨骼的负荷超过了骨骼本身的承受能力而发生的。骨骼内部肿胀被称为应激反应或者应激损伤。骨骼内部肿胀随着持续的负荷最终会导致骨折。

症状

疼　痛　足部着地的时候有疼痛感。

肿　胀　局部可能会出现肿胀。

单腿跳测试　试着用怀疑受伤的那只脚做单腿跳，如果着地的时候感觉到很疼，就应该去医院就诊。

X 光片检查　典型的应力性骨折在 X 光片上显示不清，除非骨即将断裂或者已经在痊愈阶段［在这期间骨膜边缘会产生愈合组织（隆起物）］。早期确诊需要做磁共振成像检查。

骨扫描　扫描一下骨密度，根据患者具体情况和家族病史，判断损伤发生的原因。

诱因

● 跑步里程增加得太快。

● 错误的跑步机制。足过度内翻或者跑步时跨步过大。同样地，太弱的躯干以及臀部肌肉会导致跑步姿态不正确。

预防指导

● 如果足过度内翻，试试使用足弓支撑垫。如果足弓支撑垫没有作用，那就应该考虑使用定制的矫形器，否则还是会患足部应力性骨折。

● 如果饮食中钙摄入量不足，那么应多吃一些富含钙和维生素 D 的食物。

处理指导

急性期

- 尽快就医，及时处理伤痛。
- 根据 RICE 原则进行处理。

非急性期

- 休息，避免一些会给患肢增加负荷的活动，但可继续进行上身力量训练和下肢稳定性训练。

康复中后期推荐训练计划

页码	动作名称	动作图片	训练频率	单次训练
109	弹力带 – 仰卧 – 卷腹		1~2 次 / 天	10 次 ×3 组
121	迷你带蚌式训练		1~2 次 / 天	10 次 ×3 组

重返跑步运动

- 应力性骨折痊愈之前严禁重返跑步运动。

跖骨痛

跖骨位于前足部。人在行走、跑步时需要用足底推地，才能发力前移。足部接触地面的主要承载力都聚集在跖骨处。跖骨痛一般是足部解剖异常使受牵连的跖骨负荷增加导致的。患者一般在步态推进阶段出现明显的足底疼痛。跖骨痛对跑步爱好者的影响是比较大的。

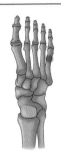

症状

疼痛　患者可能会在受牵拉的跖骨头部出现离散性疼痛。主要是足底的胀痛感。

功能影响　由于足部蹬踩地面时出现疼痛，所以对行走和跑步的影响比较大。

肿胀　足底反复受力的部分可能出现足底软组织肿胀，随着时间的推移，可能导致皮肤增厚和足底角质化。

X 光片检查　早期没有影像检查可以发现，晚期出现骨关节病表现后，可能在 X 光片上有所表现。

诱因

● 足部解剖异常。例如跖骨过长、某些足部关节过度松弛。

● 足弓异常。

● 足部创伤后导致足部骨折。

● 小腿肌肉及跟腱紧张或挛缩。

预防指导

● 注意拉伸小腿后侧肌肉和跟腱。

● 对于足弓异常的跑者，可以使用定制的鞋垫。

● 控制跑量。

● 加强下肢和核心的功能训练，调整跑步姿势。

处理指导

急性期

- 立刻停止运动。
- 外用消肿、止痛药。
- 适当冰敷。

非急性期

- 理疗。建议进行脉冲短波或微波等治疗。
- 更换跑鞋。
- 可进行下肢稳定性及柔韧性练习。
- 若症状反复，未缓解，可以考虑进行封闭治疗。
- 若疼痛明显，影响行走，可至医院进行治疗，必要时进行手术治疗。

康复中后期推荐训练计划

页码	动作名称	动作图片	训练频率	单次训练
99	被动拉伸 – 屈膝脚跟按压 – 跟腱、比目鱼肌		1 次 / 天	30 秒 ×3 组
142	椅式 – 分腿压		1 次 / 天	30 秒 ×3 组
122	迷你带向前行走训练		1~2 次 / 天	10 次 ×4 组

重返跑步运动

- 非手术治疗，一般需维持 6 周以上，患者可以在疼痛缓解后逐渐恢复跑步。手术治疗者，请遵照医嘱执行。

跟骨后滑囊炎

跟骨后滑囊位于跟骨和跟腱之间，起到保护跟腱内侧面的作用，可减少或避免跟腱与跟骨之间的硬性摩擦，防止跟腱损伤甚至断裂。

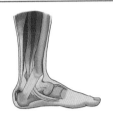

症状

疼痛 疼痛部位一般位于足跟后方，走路和跑步等动作都会引起疼痛，以胀痛和钝痛为主。

肿胀 由于跟腱比较厚，滑囊肿胀后，从皮肤表面不易观察到。

影像检查 一般没有影像检查可以发现此类比较小的滑囊。

诱因

● 足部解剖异常。例如一种特殊的跟骨畸形（Haglund 畸形）。

● 足弓异常。

● 小腿肌肉及跟腱紧张或挛缩。

● 小腿及踝部肌肉僵硬、无力等。

预防指导

● 避免跑鞋的鞋帮对跟骨后方产生挤压和摩擦。

● 对于跟骨内旋、畸形等问题，需要定做矫形鞋垫矫正畸形。

● 控制跑量。

处理指导

急性期

● 若肿胀、疼痛明显，可以冰敷、外用消肿止痛药。

● 穿无后帮的鞋，避免刺激此部位滑囊。

非急性期

- 理疗。推荐采用超声波或冲击波治疗。
- 可对小腿后侧肌肉进行泡沫轴放松及拉伸训练。
- 若症状反复发作，可以进行局部封闭治疗。

康复中后期推荐训练计划

页码	动作名称	动作图片	训练频率	单次训练
117	泡沫轴滚压小腿后侧		1~2 次 / 天	30 秒 ×3 组
142	椅式 – 分腿压		1 次 / 天	30 秒 ×3 组
119	筋膜球滚压踝关节		1~2 次 / 天	30 秒 ×3 组

重返跑步运动

- 疼痛缓解后即可恢复跑步运动，但一定注意跑鞋的选择。

第5章

髋部和大腿损伤的
预防与康复

- 髋部和大腿解剖学
- 髋部和大腿常见损伤

5.1 髋部和大腿解剖学

髋关节由股骨头和髋臼构成，主要运动为矢状面上的屈曲与伸展、冠状面上的内收与外展、水平面上的内旋与外旋。

肌肉

肌肉介绍

股直肌：见"3.1 膝部解剖学"中的相关内容。

缝匠肌：见"3.1 膝部解剖学"中的相关内容。

阔筋膜张肌：起于髂前上棘，止于髂胫束近端三分之一处，具有使髋关节屈曲、外展和内旋的功能。

大收肌*：起于耻骨支、坐骨支和坐骨结节，止于股骨粗线和内上髁收肌结节，具有使髋关节内收、外旋的作用。

长收肌：起于耻骨体前表面，止于股骨粗线中央三分之一处，具有使髋关节内收、外旋的功能。

股薄肌：见"3.1 膝部解剖学"中的相关内容。

耻骨肌：起于耻骨上支，止于股骨后表面的耻骨肌线，具有使髋关节内收、外旋和屈曲的功能。

髂腰肌*：包括腰大肌（起于第十二胸椎至第五腰椎横突和椎体外侧，止于股骨小转子）和髂肌（起于髂窝，止于股骨小转子），具有使髋关节屈曲和外旋、骨盆前倾和躯干屈曲的功能。

前面观

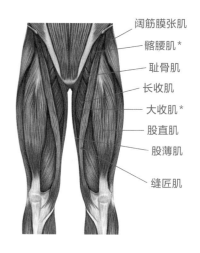

阔筋膜张肌
髂腰肌*
耻骨肌
长收肌
大收肌*
股直肌
股薄肌
缝匠肌

后面观

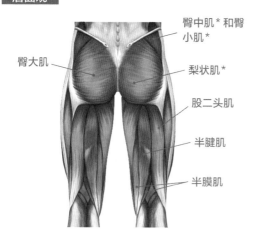

臀大肌
臀中肌* 和臀小肌*
梨状肌*
股二头肌
半腱肌
半膜肌

肌肉介绍

臀大肌：起于髂骨背面、骶骨、尾骨、骶结节韧带和腰背筋膜，止于髂胫束和股骨臀肌粗隆，具有使髋关节伸展和外旋、骨盆后倾、躯干伸展的功能。

半腱肌：见"3.1 膝部解剖学"中的相关内容。

半膜肌：见"3.1 膝部解剖学"中的相关内容。

股二头肌：见"3.1 膝部解剖学"中的相关内容。

臀中肌*：起于髂骨翼外面，止于股骨大转子，具有使髋关节外展的功能。

臀小肌*：起于髂骨翼外面，止于股骨大转子，位于臀中肌下方，具有使髋关节外展的功能。

梨状肌*：起于骶骨前面，止于股骨大转子尖端，具有使髋关节外展和外旋的功能。

骨骼和韧带

前面观

后面观

外侧面观

髂骨

髂股韧带

耻股韧带

股骨

髂股韧带

坐股韧带

股骨

髂骨

股骨头韧带
（切断）

髋臼横韧带

股骨

骨骼和韧带介绍

股骨：见"3.1 膝部解剖学"中的相关内容。

髋骨：由上方的髂骨和下方的坐骨、耻骨组成，幼年时三块骨之间通过软骨连接，成年后三块骨在髋臼处相互愈合。

髂股韧带：起于髂前下棘和髋臼边缘，止于转子间线，可稳定髋关节，防止髋关节过度伸展，因形似倒 Y 字，也被称为 Y 韧带。

坐股韧带：起于坐骨的髋臼后缘，止于轮匝带和股骨大转子根部，可稳定髋关节，防止髋关节过度内收和内旋。

耻股韧带：起于髂耻隆起、耻骨上支、闭孔膜等处，止于髋关节囊前下壁，可稳定髋关节，防止髋关节过度外旋和外展。

股骨头韧带：起于股骨头凹，止于髋臼窝，内有动脉经过，为股骨头提供血液，所以也被称为圆韧带。

髋臼横韧带：起于髋臼前下缘，止于髋臼后下缘，使髋臼呈凹陷的碗状。

5.2 髋部和大腿常见损伤

股骨大粗隆滑囊炎

股骨大粗隆滑囊炎常见于跑步爱好者中，发生于大腿近端的外侧。股骨大粗隆滑囊炎主要是跑步等活动期间大腿姿势的反复变化引起的，例如髋关节内收或内旋，让位于股骨大粗隆外侧的滑囊受到异常压力，从而引发炎症。

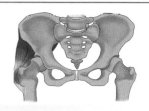

症状

疼 痛　大腿外侧疼痛，并向下放射到膝盖外侧，也有可能向上延伸到臀部。疼痛常见于夜间。在行走、跑步或攀爬等活动中，疼痛加剧。

肿 胀　严重时，大腿外侧出现局部肿胀，甚至在滑囊内产生大量积液。

功能影响　患侧髋关节过度内收或者抗阻外展、外旋时会引发疼痛。早期时，仅在跑步时出现疼痛；加重后，患者不能久坐、久站等，日常活动受到影响。

评 估　应该评估是否存在髂胫束过紧的情况，以及精确测量双腿的长度是否一致。

B 超检查或磁共振成像检查　可以用来评估滑囊肿胀和积液程度。

诱因

● 下肢肌肉平衡性差，核心稳定性不佳。

● 髂胫束过紧。髂胫束过紧会导致滑囊受到的压力增加，产生刺激。如果臀部肌肉无力，下肢稳定性就会差一些，在跑步的时候错误动作多，这会导致在髂胫束和阔筋膜张肌上产生更大的牵拉力，从而挤压滑囊。随着跑步里程的增加，炎症也就发生了。

● 足过度内翻。若跑步时脚过度向内卷，也会增加大腿外侧的牵拉力。

● 下肢过度使用。即跑量过大，超出能力范围。

● 两腿长度不一致、脊柱侧弯等病理风险因素。

● 摔倒。摔倒可能导致大腿外侧直接撞击地面等硬物。

● 场地不佳、跑步装备不达标等因素。

预防指导

● 拉伸和放松股骨大粗隆附近肌腱、韧带等，如阔筋膜张肌、髂胫束。

● 强化臀中肌、臀大肌等骨盆附近的肌肉的力量。提升髋内收肌、髋内旋肌的耐力和离心收缩能力。

● 跑前进行充分热身；跑步时，集中注意力，减小受伤概率；跑后及时拉伸放松。

● 日常生活中保持良好姿态，如走路、跑步时避免足部过度旋前，避免膝盖内扣。

● 时常进行髋关节、腰椎、胸椎等的活动度练习。

处理指导

急性期

● 损伤发生后的 48 小时内，根据 RICE 原则进行处理，避免发生进一步损伤，同时加快愈合。

● 外用消炎止痛药物进行治疗。

非急性期

● 相对休息，局部进行物理治疗。

● 药物治疗，加止痛药物、消炎药物，必要时可以到医院采用封闭治疗。

● 选择的鞋子要有好的内侧支撑来帮助限制足内翻。

● 若 3 周以后还是有疼痛感，应及时就医。

● 利用泡沫轴放松大腿外侧肌肉和肌腱。

● 做拉伸运动，纠正肌肉力量失衡，纠正双腿长度差异（如果存在的话）。

● 矫正训练。矫正训练的主要目的是提升下肢及腰椎－骨盆区域肌肉的稳定性，帮助其逐渐恢复训练。

康复中后期推荐训练计划

页码	动作名称	动作图片	训练频率	单次训练
104	泡沫轴－侧卧－髂胫束放松		1 次 / 天	30 秒 ×3 组
101	花生球－髂胫束放松		1 次 / 天	30 秒 ×3 组
121	迷你带蚌式训练		1~2 次 / 天	10 次 ×3 组

重返跑步运动

● 一旦疼痛、肿胀消退，通常在 3~4 周内可重返跑步运动。重返跑步运动应循序渐进、保守进行。

骶髂关节损伤

　　骶髂关节是由骶骨和两块相邻的髂骨构成的关节。这个关节的关节面扁平，彼此对合非常紧密。此外，骶髂关节周围有许多韧带对其进行固定，使得它更加稳定。但是如果受到反复的应力刺激或者较大外力导致的单一创伤时，骶髂关节会出现劳损或错位，从而出现疼痛和不适。

　　在跑步运动中，骶髂关节转移、吸收和分散从地面向上传递的经过腿、臀部、骨盆到达脊柱的作用力。在跑步期间，脚跟每次触地都会受到当于身体重力几倍的向上作用力。尽管足部和腿部的肌肉和关节已经吸收了一部分作用力，但是仍然有相当大的作用力经过骶髂关节。在反复活动中，这些力可能会导致骶髂关节和周围韧带损伤。

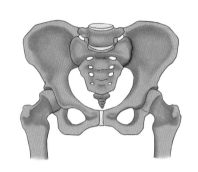

症状

疼痛　疼痛通常位于骶骨的一侧或两侧。疼痛通常是钝痛，但是发生急性损伤时，疼痛可能非常剧烈，可能放射到臀部和大腿后侧，少数情况下甚至放射到小腿后侧。疼痛还可能绕过大腿放射到腹股沟的外壁（外侧）。患者坐下、侧躺或爬楼梯时会出现疼痛。

肿胀　骶髂关节后部存在压痛，但无明显肿胀。　**X 光片检查**　多显示正常。

功能影响　由于疼痛而难以久坐。　**磁共振成像检查**　多显示正常。

其他　骶髂关节运动模式异常。

诱因

- 重复性创伤。例如长距离跑步、越野滑雪或划船产生的重复性创伤。
- 突然发生的单一创伤。例如在滑板、滑雪或溜冰时落地失误产生的单一创伤。
- 骶髂关节被迫承受较大负荷。例如做深蹲起立，或者受到长力臂扭力。

预防指导

- 强化肌肉力量。强化骶髂关节周围肌群力量，提升关节抵抗外界负荷的能力。
- 调整肌肉平衡。若有肌肉问题导致的下肢不等长情况，应对肌肉进行调整以恢复下肢平衡。此外，骨盆和脊柱的前后侧肌群和两侧肌群也需调整至平衡的状态。

● 核心稳定性训练。选择平板支撑、侧平板支撑、死虫式、臀桥等动作提升核心稳定性。

● 佩戴护具。在易发生摔倒的项目中尽可能佩戴保护骶髂关节的护具，为其提供缓冲保护。

● 充分休息，保证肌肉疲劳的恢复和组织的损伤修复。

● 运动前充分热身。

处理指导

急性期

● 评估骶髂关节和周围组织损伤的程度。如果不能以患侧的腿无剧烈疼痛地单独站立，或者患处发生了大面积肿胀或瘀青，可能发生骶骨或髂骨骨折。如果感到生殖器、直肠或小腿麻木或刺痛，应怀疑相邻的腰椎或骶神经根受到损伤。若有上述情况出现，请尽早就诊。

● 损伤后的 72 小时内每小时冰敷 10 分钟。

● 根据需要使用抗炎镇痛药物。

● 如果跑步或其他撞击性活动可能对骶髂关节造成损伤，应避免这些活动，直至能够无疼痛地步行。

非急性期

● 不要将腿用作长力臂来伸展髋部（坐着做拉伸运动，双腿伸直、双脚搁在凳子或桌子上），因为这会给关节造成过大压力。不要让踝关节负重。

● 髋部力量训练能够很好地强化骶髂关节周围的肌肉。

● 如果症状持续几周，可以找推拿医生（整骨疗法、对抗疗法或整脊疗法）或者物理治疗师进行治疗。这可以帮助纠正潜在的关节不对位、双腿长度不一致或者治疗相关的肌肉疼痛或痉挛。

● 如果经过这些治疗疼痛仍然存在，可能需要在 X 光片的辅助下注射对应药物，以减轻疼痛和炎症。

● 矫正带或绷带技术可能在初始阶段有助于减轻骶髂关节不稳定导致的疼痛，但是不能指望它们在跑步或其他撞击性活动中能够可靠地保护骶髂关节免受损伤。

● 症状好转、无明显疼痛时可适度进行核心稳定性练习和髋关节稳定性练习，同时配合臀部拉伸。

康复中后期推荐训练计划

页码	动作名称	动作图片	训练频率	单次训练
109	弹力带 – 仰卧 – 卷腹		1~2 次 / 天	10 次 ×3 组
127	臀部拉伸		1~2 次 / 天	30 秒 ×3 组
122	迷你带向前行走训练		1 次 / 天	10 次 ×4 组

重返跑步运动

● 一般来说，在尝试重返跑步运动之前，应该纠正力量失衡和柔韧性不足的问题。

● 如果没有运动后疼痛或延迟性肌肉酸痛，就可以开始重返跑步运动。跑步者应通过数周而不是数天来逐步达到受伤前的运动水平。

髂腰肌肌腱炎

　　髂腰肌是强有力的下肢肌肉，具有使髋关节屈曲的功能。它是身体最强壮的肌肉之一。髂腰肌肌腱炎指髂腰肌的肌腱发生炎症。通常情况下，炎症会蔓延到肌腱附近的滑囊，从而导致髂腰肌滑囊炎。髂腰肌肌腱炎常见于跑步、足球、体操和舞蹈等需要反复屈曲髋关节的运动。

症状

疼　痛　大腿前侧疼痛，有时疼痛沿着大腿向下放射。

声　音　在髋关节屈曲过程中，肌腱越过骨盆时会发出"啪"声或者有这样的感觉。

功能影响　步幅减小，髋关节伸展受限。

其　他　进行需要反复屈曲髋关节的活动会加剧症状，例如山坡跑和踢腿动作。

检　查　诊断通常基于病史和彻底的神经和肌肉骨骼检查。典型的症状是髂腰肌肌腱上出现点压痛，髋关节在阻力下屈曲时出现疼痛。

磁共振成像检查　在髂腰肌肌腱炎诊断中的应用相对有限。

诱因

● 肌肉承受能力不足。肌腱炎是一种过度使用导致的损伤，起因是跑步里程超过了肌肉的承受能力。

● 肌肉过于紧绷。如果肌肉太紧绷，它们就更容易被拉伤。紧绷的髋屈肌也会导致其他的结果，例如使骨盆倾斜，而倾斜了的骨盆会打乱身体的生物结构并且可能会导致膝盖损伤。

预防指导

● 拉伸髂腰肌，避免肌肉过于紧张。也可使用泡沫轴对肌肉进行放松，提升肌肉柔韧性。

● 强化肌肉力量，主要是髋伸肌和髋旋转肌的力量。

● 合理控制动作幅度和运动量，避免过度运动。

● 充分休息，保证运动后肌肉组织的恢复，降低损伤风险。

● 提升核心稳定性。

● 运动前充分热身。

处理指导

急性期

● 使用消炎药。在医生的指导下使用一些消炎药,来减轻疼痛和肿胀。

● 避免重复做引起问题的动作。不要参与任何需要抬高膝盖的运动。试试游泳,如果游泳带来的感觉很舒服,那就继续。进行上身的力量训练。

● 冰敷可能会缓解一些疼痛,特别是对很瘦的跑步者来说,因为髂腰肌肌腱位于大腿比较深的位置。在受伤后的前两天每天冰敷疼痛区域 4 ~ 6 次,每次 15 分钟。

非急性期

● 加入系统化的放松及拉伸训练(主要针对髋屈肌)会有帮助。放松训练可利用泡沫轴或筋膜球进行;拉伸训练应注意动作缓慢、适度,避免引起刺激。

● 加入系统化的力量训练会有帮助。

● 在比较严重的情况下,可以在超声检查的辅助下注射对应药物,以减轻疼痛和炎症。

● 髋屈肌拉伤一般在 2 ~ 8 周内治愈,但若超过这个期限还没有治愈,应寻求专业医生的治疗。

康复中后期推荐训练计划

页码	动作名称	动作图片	训练频率	单次训练
118	筋膜球滚压髂腰肌		1 次 / 天	30 秒 ×3 组
138	站姿 – 髋屈肌拉伸		1~2 次 / 天	30 秒 ×3 组

重返跑步运动

● 一旦疼痛逐渐消退(通常在损伤后 3 ~ 6 周),就可以重返跑步运动。重返跑步运动应该循序渐进。和其他髋关节损伤一样,髂腰肌肌腱炎治疗没有有效的绷带缠法或护具可选。

阔筋膜张肌肌腱病

阔筋膜张肌位于大腿前外侧，覆盖范围较大。跑步时大腿前外侧的肌肉和肌腱会与股骨各个骨凸的部位出现反复摩擦，而且反复发力刺激也会导致肌腱劳损，从而引发肌腱病或肌腱炎。

症状

疼痛 疼痛局限于大腿前外侧。

声音 一般不明显。

功能影响 跑步中或跑步后出现疼痛，导致发力障碍。

体检 沿着大腿外侧的肌腱和肌肉走行有压痛。

X 光片检查 一般无法通过影像检查发现此类损伤。

诱因

● 大腿外侧肌腱过度紧张，或者先天性的臀肌挛缩。

● 跑量突然增加。

● 臀肌和核心力量弱。如果臀肌和核心力量比较弱，会导致跑步时阔筋膜张肌发力代偿性增大。

预防指导

● 拉伸阔筋膜张肌等大腿外侧肌肉和臀肌。

● 强化核心力量。

● 选择专业的跑鞋或调整鞋垫。

处理指导

急性期

● 在急性拉伤时按照 PRICE 原则处理。

● 停止跑步运动。

非急性期

- 理疗。一般推荐超声波治疗和电刺激类治疗。
- 使用泡沫轴或筋膜球放松阔筋膜张肌或髂胫束。
- 跑步前、后进行大腿外侧肌肉和臀肌拉伸训练。
- 进行核心稳定性练习与下肢稳定性训练。

康复中后期推荐训练计划

页码	动作名称	动作图片	训练频率	单次训练
128	动态拉伸 – 臀部外侧		1~2 次 / 天	10 次 ×3 组
103	迷你带 – 半蹲 – 侧向走		1 次 / 天	10 次 ×4 组
109	弹力带 – 仰卧 – 卷腹		1~2 次 / 天	10 次 ×3 组

重返跑步运动

- 可以考虑边治疗边运动。跑步中无明显疼痛或跑步之后无明显疼痛，是能否重返跑步运动的一个重要参考指标。

腘绳肌拉伤

腘绳肌拉伤，是指大腿后侧的腘绳肌中的一条或几条肌肉，被过度拉伸而发生损伤。在跑步运动的冲刺和加速过程中，腘绳肌承受较大的负荷，易发生拉伤。

症状

疼 痛 根据损伤程度，疼痛有轻度痛感、中度痛感以及剧痛。Ⅲ级拉伤（程度最严重）时，疼痛会一直持续。

肿 胀 Ⅰ级拉伤可能伴有轻微肿胀，Ⅱ级拉伤或出现明显肿胀，Ⅲ级拉伤有明显肿胀。

声 音 拉伤时，或许能听到声音。

功能影响 Ⅰ级拉伤时，行走有不适感，大腿后侧肌肉在收缩和拉伸时，会出现痉挛或紧张状况；Ⅱ级拉伤时，行走困难，有跛行，膝部无法伸直，大腿后侧肌肉在收缩和拉伸时，会出现明显痛感；Ⅲ级拉伤时，走路需要辅助工具，如拐杖等。

磁共振成像检查 可用于在拉伤严重时判断具体的情况。

诱因

- 热身不充分。缺乏足够的热身，肌肉的弹性和延展性都比较有限，容易在运动中拉伤。

- 腘绳肌过度拉伸。高速冲刺时腘绳肌过度拉伸，会造成腘绳肌拉伤。

- 腘绳肌负担加重。也有理论认为，腹横肌、臀大肌力量较弱时，会加重腘绳肌的负担，导致腘绳肌拉伤。

预防指导

- 跑步前、跑步后拉伸腘绳肌、臀大肌、臀中肌、股四头肌等。

- 强化核心肌群、股四头肌力量。

- 提升平衡能力、本体感觉、下肢神经肌肉控制能力。

处理指导

急性期

- 可在损伤后48小时内，根据PRICE原则进行处理，稳住病情，也能使伤处更好地愈合。

- 采用抗炎治疗。

- 如果肌肉完全撕裂、卷起，需要尽快就医。

非急性期

- 按摩。按摩能促进人体的血液循环和新陈代谢，对损伤部位的康复有益。

- 无明显疼痛后，可针对腘绳肌适当进行拉伸及放松（例如利用泡沫轴进行放松）训练。

- 在后期炎症与疼痛消失后，可针对下肢和骨盆区域进行稳定性训练，以逐步恢复训练水平。

- 力量训练。训练顺序为肌肉的等长收缩训练、向心收缩训练、离心收缩训练。

- 如果拉伤较严重，如 III 级拉伤，有必要进行手术治疗。

康复中后期推荐训练计划

页码	动作名称	动作图片	训练频率	单次训练
134	坐姿 – 腿部后侧拉伸		1~2 次 / 天	30 秒 ×3 组
129	静态 – 臀桥		1 次 / 天	30 秒 ×3 组
130	跪姿 – 直膝后踢腿		1 次 / 天	10 次 ×3 组
114	泡沫轴滚压大腿后侧		1~2 次 / 天	30 秒 ×3 组

重返跑步运动

- 髋关节和膝关节活动范围恢复，腘绳肌功能恢复且力量良好，经医生检查确认后，方可重返跑步运动。

- 即使重返跑步运动，也要注意保护大腿，如使用有弹性的绷带。

髋内收肌肌腱炎

　　髋内收肌肌腱炎通常是与髋内收肌起点处反复拉伤相关的慢性损伤。髋内收肌肌腱炎通常以轻微损伤开始，在得不到适当恢复和治疗的情况下继续进行大量运动，将导致损伤处功能丧失。最后，甚至肌腱起点受到很小的应力也会产生疼痛。这种损伤常出现在跑步、足球、冰球、骑马等运动中。

症状

疼痛　髋内收肌起点沿线和耻骨内侧边缘沿线（大腿和腹股沟）有明显疼痛。用力内收大腿或外展大腿会感到疼痛，且活动后疼痛加剧。若病程较长，可能会感到损伤区域隐隐作痛。

肿胀　损伤区域可见肿胀。

其他　损伤处可见瘀伤或红肿，腹股沟区域僵硬。

功能影响　不能加速跑，不能跳跃，不能快速转弯，且髋内收肌力量减弱，髋关节活动度缩小，影响日常活动。

超声检查和磁共振成像检查　有助于确定损伤的精确位置和严重程度。

诱因

● 髋内收肌起点反复拉伤。

● 两腿不等长。两腿不等长影响步态，继而影响髋内收肌。

● 错误的运动模式。

● 两侧肌肉力量不平衡或者下肢和腹部肌肉力量较弱。

● 体育活动前没有进行适当的热身。

● 长久不活动。

● 过度肥胖。

预防指导

● 拉伸髋关节、骨盆附近的肌肉，如短收肌、长收肌、梨状肌等。

● 强化髋内收肌、腰腹部肌肉、臀肌等骨盆附近的肌肉力量。

● 提升髋内收肌的肌肉耐力和离心收缩能力。

● 运动前进行充分热身；运动中，集中注意力，减小受伤概率；运动后及时拉伸放松，也可以由物理治疗师进行各种技术的放松。

● 时常进行髋关节、骨盆、腰椎、胸椎等的活动度练习。

处理指导

急性期

- 使用止痛剂。
- 使用消炎药物。
- 局部注射对应药物以减轻疼痛和炎症。
- 减少活动，适当休息，并注意任何疼痛反应。
- 早期不建议拉伸肌肉。

非急性期

- 物理治疗。物理治疗通常包括按摩、拉伸、经皮神经电刺激疗法（TENS）和主动加强髋关节周围肌群的力量。
- 髋内收肌的拉伸练习。
- 髋内收肌的抗阻练习，从等长收缩（可在肌肉伸长拉下进行）过渡到向心收缩和离心收缩。

康复中后期推荐训练计划

页码	动作名称	动作图片	训练频率	单次训练
135	髋内收肌练习		1 次 / 天	10 次 ×3 组
136	站姿 – 髋内收肌拉伸		1~2 次 / 天	30 秒 ×3 组
115	泡沫轴滚压大腿内侧		1~2 次 / 天	30 秒 ×3 组

重返跑步运动

- 一旦症状消退（这可能需要长达 6 个月的时间），就可以重返跑步运动。但存在一定二次损伤的风险，请务必做到循序渐进。

股四头肌拉伤

股四头肌拉伤，是指大腿前方的股四头肌中的一条或几条肌肉，因强大的外力而发生损伤，其中股直肌比较容易拉伤，拉伤的位置也多在接近膝部的肌肉与肌腱相结合的地方。在反复冲刺、跳跃和踢的动作较多的运动中，如跑步、橄榄球、足球、篮球和田径等，易发生股四头肌拉伤。

症状

疼痛　根据损伤程度，疼痛有轻度痛感、中度痛感以及剧痛。躺或直立状态下（髋关节伸展开），屈膝时痛感加剧。

肿胀　Ⅱ级拉伤或出现明显肿胀，且伴有瘀青；Ⅲ级拉伤会迅速出现肿胀，可以看到受伤处有肌肉变形，24 小时后会有瘀青。

功能影响　Ⅰ级拉伤时，行走有不适感，拉伤肌肉会出现痉挛；Ⅱ级拉伤时，行走或上、下楼梯有困难，不能进行训练，膝部无法伸直；Ⅲ级拉伤时，无法行走。

磁共振成像检查　可用于在拉伤严重时判断具体的情况。

诱因

● 大力度的跳跃、冲刺或踢的动作。

● 股四头肌过度拉伸或收缩。

预防指导

● 拉伸股四头肌。

● 强化股四头肌离心力量。

● 优化跳深动作。

● 佩戴护膝，运动前充分热身。

处理指导

急性期

● 可在损伤后 48 小时内，根据 RICE 原则进行处理，稳住病情，使伤处更好地愈合。

● 采用抗炎治疗。

● 受伤后 72 小时内，避免进行给肌肉带来压力的活动。

非急性期

● 进行促进伤处愈合的理疗，如超声波治疗、热治疗、激光治疗等。

● 进行手法按摩或利用泡沫轴进行放松训练，其中手法按摩能促进人体的血液循环和新陈代谢，对损伤部位的康复有益。

● 在后期炎症与疼痛消失后，可针对下肢和骨盆区域进行稳定性训练，以逐步恢复训练水平。

● 炎症消失后，可以采用专业的胶带缠绕，加快伤处愈合，以早日返回运动场。

● 针灸治疗。针灸治疗可以消肿、减轻疼痛，并且扩大患处活动范围。针灸治疗可贯穿整个康复过程。

● 从俯卧位开始进行低强度主动拉伸训练。

● 进行力量训练。训练顺序为肌肉的等长收缩训练、向心收缩训练、离心收缩训练。可进行膝关节 90 度屈曲训练。注意在早期恢复阶段，不能进行直腿抬高训练，避免给股直肌造成压力。

● 恢复的末期可进行进阶的力量训练，如跳箱（约 30 厘米高）训练。

康复中后期推荐训练计划

页码	动作名称	动作图片	训练频率	单次训练
140	椅式 – 架腿压		1~2 次 / 天	30 秒 ×3 组
139	窄距 – 半蹲		1 次 / 天	10 次 ×3 组
106	瑞士球 – 单腿下蹲		1 次 / 天	10 次 ×3 组
98	被动拉伸 – 固定式屈膝 – 股四头肌		1~2 次 / 天	30 秒 ×3 组
113	泡沫轴滚压大腿前侧		1~2 次 / 天	30 秒 ×3 组

重返跑步运动

● 炎症和疼痛消退后，身体恢复至全范围活动，经医生确认后，可重返跑步运动。

● 如果进行比赛，需要用带有防护垫的压缩护腿。

第6章

其他常见损伤的
预防与康复

非特异性腰痛

　　绝大多数的腰痛是没有明确病因的，通常称为非特异性腰痛。非特异性腰痛一般分为急性腰痛和慢性腰痛。急性腰痛会伴有腰部扭伤或腰部过度用力的病史，疼痛比较明显。慢性腰痛就是我们常说的腰肌劳损，其特点正好跟急性腰痛相反：疼痛不算严重，一般是劳累或久站、弯腰等动作之后出现的腰部酸痛、胀痛。

症状

疼　痛　腰部肌肉收缩时，平躺起身时，向前屈身时，拱背时，弯腰时，（从脊柱到两侧部位）伴随着轻度到重度的疼痛。受伤部位有轻度到重度压痛。

肿　胀　急性损伤，可能会出现局部肿胀。

功能影响　腰部肌肉无力。

影像检查　在非特异性腰痛诊断中的应用相对有限。

诱因

● 背部肌肉突然拉伸或收缩。

● 腰腹部肌肉无力。

● 腰部和髋部肌肉紧绷。

● 运动量过大。

● 天气寒冷，运动前热身不充分。

● 跑步姿势不正确。

预防指导

● 拉伸躯干屈肌、臀大肌、竖脊肌等骨盆附近的肌肉。

● 强化背肌、髂腰肌等骨盆附近肌肉的力量。

● 提升腰部肌肉的肌肉耐力和离心收缩能力。

● 进行充分热身，跑后及时拉伸放松。

● 时常进行胸椎及腰椎的活动度练习。

处理指导

急性期

- 停止当前导致疼痛的运动。

- 冰敷。

- 如果症状加重（尤其是在日常训练中，伤病反复发作），或者症状几天内未消退，请前往医院，交由医生处理。

- 服用非甾体抗炎药。

非急性期

- 避免长时间卧床，及早恢复主动活动。

- 理疗。如超声波、电刺激治疗等。

- 佩戴腰部支撑护具。

- 进行适度的核心力量训练。

康复中后期推荐训练计划

页码	动作名称	动作图片	训练频率	单次训练
109	弹力带 – 仰卧 – 卷腹		1~2 次 / 天	10 次 ×3 组

重返跑步运动

- 经医生检查并批准,同时腰部不再疼痛,腹部和髋部肌肉重新具有柔韧性并充满力量,整个躯干和髋部的活动范围不受影响，即可重返跑步运动。

臀肌拉伤 / 劳损

臀肌拉伤通常发生在运动延长阶段肌肉收缩的时候，例如在跑步的过程中突然加速。这个时候下肢正在向外伸长，臀部肌肉自然也会伸长，但是一个突然而快速的动作就会导致肌肉回应性收缩。重要的是，与此同时臀肌正在被拉向完全相反的方向。

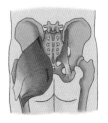

症状

疼痛 臀肌有一阵锐痛或者被拉动的感觉。跑步的时候或者跑步之后，会感觉到疼痛。

肿胀 损伤部位肿胀。

功能影响 髋伸肌力量减弱；走路步幅减小；髋关节活动度缩小；无法跑步、跳跃和爬楼梯等，影响日常活动。

磁共振成像检查 非必要诊断方法，可用于诊断臀部肌肉组织损伤。

诱因

● 臀肌在伸长位下急剧发力收缩。

● 深蹲练习时一下子加太多重量或下落过程过快。

● 臀肌使用过度。

● 臀肌薄弱。

● 热身不充分。

● 过度拉伸臀肌。

预防指导

● 拉伸髋关节、骨盆附近的肌肉，如髂腰肌、竖脊肌、腘绳肌、臀大肌等。

● 强化腰腹部肌肉、臀大肌等骨盆附近肌肉的力量。

● 提升臀肌的耐力和离心收缩能力。

● 髋关节屈伸和旋转时不要过度发力，避免臀肌受到过度牵拉。

● 跑前充分热身；跑后及时拉伸放松，也可以由治疗师进行各种技术的放松。

● 日常生活中避免久坐，每坐 1 小时站起来活动 5 分钟。

● 时常进行髋关节、骨盆、腰椎、胸椎等的活动度练习。

处理指导

急性期

- 在受伤后的前两天每天冰敷疼痛区域 4 ~ 6 次，每次 15 分钟。
- 口服抗炎镇痛药物，来减轻疼痛和炎症。
- 拄拐行走，减少臀肌的使用。
- 适当制动休息，抬高患侧下肢。
- 早期无痛范围内进行关节活动度练习。

非急性期

- 当肌肉组织修复之后，进行适度的拉伸练习及早期肌肉等长收缩练习。
- 当等长收缩变得容易之后，逐步开始进行肌肉的离心负荷练习和向心收缩练习。
- 髋关节的全范围活动度练习。

康复中后期推荐训练计划

页码	动作名称	动作图片	训练频率	单次训练
127	臀部拉伸		1 次 / 天	30 秒 ×3 组
128	动态拉伸 – 臀部外侧		1 次 / 天	10 次 ×3 组
129	静态 – 臀桥		1 次 / 天	30 秒 ×3 组
130	跪姿 – 直膝后踢腿		1 次 / 天	10 次 ×3 组

重返跑步运动

- 可以无痛行走、无痛双腿起跳和无痛单脚跳时，可考虑逐步恢复跑步运动。

第 **7** 章

损伤康复训练动作

被动拉伸－固定式屈膝－股四头肌

扫一扫，视频同步学

▶ 练习目的

拉伸股四头肌，有助于髌腱炎、股四头肌拉伤的预防和康复。

▶ 主要肌肉

股四头肌。

初始姿势

- 身体站立于略高于膝的跳箱之前约一步距离，背对跳箱，躯干直立，目视前方，一侧腿向后屈膝抬起小腿至脚背接触箱面，双臂外展且向内屈肘，双手扶于腰间。

动作过程

- 保持躯干和双臂姿势不变，身体缓慢后倾至目标肌肉有一定程度的拉伸感。
- 保持该姿势至规定时间。
- 换对侧进行同样的动作。

小提示

全程保持均匀呼吸；拉伸时如果大腿或膝盖感到疼痛，应降低强度或立刻停止。

被动拉伸－屈膝脚跟按压－跟腱、比目鱼肌

扫一扫，视频同步学

▶ 练习目的

提升跟腱柔韧性，有助于跟腱炎、跖骨痛的预防和康复。

▶ 主要肌肉

跟腱、比目鱼肌。

初始姿势

- 身体站立于约与肩同高的跳箱旁边约一臂距离，侧对跳箱，躯干直立，目视前方；双腿前后分开约一步距离，靠近跳箱的腿在前，同侧手臂侧上抬，手部扶于跳箱之上，远离跳箱的腿在后，同侧手臂外展且向内屈肘，手部扶于腰间。

动作过程

- 保持双脚位置不变，身体缓慢下蹲，双腿屈髋屈膝，使目标肌肉有一定程度的拉伸感。
- 保持该姿势至规定时间。
- 换对侧进行同样的动作。

小提示

全程保持均匀呼吸；拉伸时如果小腿感到疼痛，应降低强度或立刻停止。

被动拉伸 – 坐式足底按摩

▶ 练习目的

> 提升足底柔韧性，放松足底筋膜，有助于足底筋膜炎的预防和康复。

扫一扫，视频同步学

▶ 主要肌肉

> 蹈展肌、趾短屈肌、蹈短屈肌、骨间足底肌。

初始姿势

- 身体坐于约与膝盖同高的跳箱之上，一侧腿自然屈膝支撑，另一侧腿屈膝上抬，将脚踝置于对侧腿膝盖之上，双臂前展，双手拇指按压足弓。

动作过程

- 保持身体姿势不变，拇指略微施力并来回按摩。
- 按摩至规定时间。
- 换对侧脚进行同样的按摩动作。

小提示

全程保持均匀呼吸；按摩时如果足弓感到疼痛，应降低强度或立刻停止。

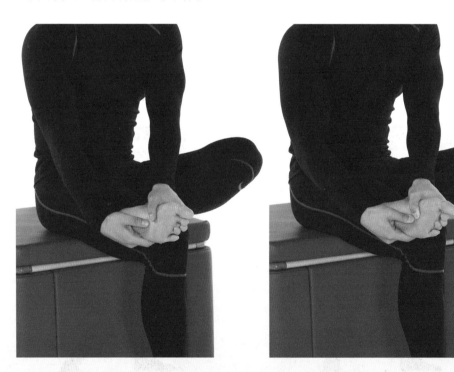

花生球 – 髂胫束放松

扫一扫，视频同步学

▶ **练习目的**

放松髂胫束，有助于髂胫束摩擦综合征、股骨大粗隆滑囊炎的预防和康复。

▶ **主要肌肉**

髂胫束。

全程保持均匀呼吸；按压时如果大腿外侧感到疼痛难忍，应降低强度或立刻停止。

身体放松，将花生球在明显疼痛处稍作停留。

初始姿势

- 身体侧卧于垫上，将花生球置于下侧腿外侧和垫子之间，下侧腿伸展，脚部抬离垫面；上侧腿屈髋屈膝，脚部置于下侧腿膝关节后侧支撑身体，上侧手臂外展且向内屈肘，上侧手扶于腰间，下侧手臂下展且向前屈肘，前臂接触垫面支撑身体，使躯干侧屈抬起。

动作过程

- 保持身体姿势不变，下侧腿向下施加一定压力，使花生球按压髂胫束。

- 保持该姿势至规定时间。

- 换对侧进行同样的动作。

筋膜球 – 足底筋膜放松

▶ 练习目的

提升足底柔韧性，放松足底筋膜，有助于足底筋膜炎的预防和康复。

扫一扫，视频同步学

▶ 主要肌肉

足底筋膜。

全程保持均匀呼吸；滚压时如果足底感到疼痛难忍，应降低强度或立刻停止。

身体放松，利用身体重量下压。

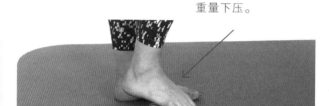

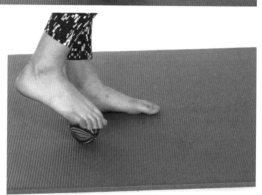

初始姿势

- 身体站立于垫上，躯干直立，目视前方，一侧腿略屈髋屈膝，将筋膜球置于足底与垫子之间。

动作过程

- 保持身体姿势不变，脚向前、后、左、右移动，使筋膜球在足底滚动。
- 滚动筋膜球至规定时间。
- 换对侧脚进行同样的放松动作。

迷你带 – 半蹲 – 侧向走

扫一扫，视频同步学

▶ 练习目的

强化臀部肌群力量，有助于内侧副韧带损伤、半月板损伤的预防和康复。

▶ 主要肌肉

臀部肌群、股四头肌和核心肌群。

初始姿势

● 身体成站姿，目视前方，双臂屈肘，双手置于胸前，双脚分开约一步距离，将迷你带环绕于小腿处，双腿屈膝半蹲，躯干略前倾。

小提示

全程保持均匀呼吸；过程中如果臀部或腿部感到疼痛，应降低强度或立刻停止。

动作过程

● 保持屈髋屈膝的姿势，一侧腿向外侧横向迈步，同时同侧手臂后摆、对侧手臂前摆，之后对侧腿向内侧横向迈步，同时同侧手臂后摆、对侧手臂前摆。

● 重复该动作至规定步数、距离或次数。

● 换对侧方向进行同样的侧向走动作。

注意核心收紧，整个动作过程中，背部不要出现屈曲，保持躯干整体稳定，迷你带处于拉紧的状态。

103

泡沫轴 – 侧卧 – 髂胫束放松

▶ 练习目的

放松髂胫束，有助于髂胫束摩擦综合征、股骨大粗隆滑囊炎的预防和康复。

扫一扫，视频同步学

▶ 主要肌肉

髂胫束及周围肌群。

双手撑地保持平衡，前后滚动泡沫轴，放松膝关节至髋部侧面区域。

初始姿势

- 身体侧卧于垫上，将泡沫轴置于下侧腿外侧和垫子之间；下侧腿伸展，脚抬离垫面；上侧腿屈髋屈膝，脚置于下侧腿前侧支撑身体；双臂向下伸展，双手接触垫面支撑身体。

动作过程

- 双臂和上侧腿共同发力前后移动身体，使泡沫轴在髂胫束处滚动。
- 滚动泡沫轴至规定时间。
- 换对侧腿进行同样的放松动作。

小提示

全程保持均匀呼吸；滚压时如果大腿外侧感到疼痛难忍，应降低强度或立刻停止。

瑞士球 – 仰卧 – 勾腿

扫一扫，视频同步学

▶ 练习目的

加强腘绳肌、臀大肌和核心肌群力量，有助于膝关节扭伤、腘绳肌拉伤、臀肌拉伤/劳损的预防和康复。

▶ 主要肌肉

腘绳肌、臀大肌、核心肌群。

初始姿势

- 身体仰卧于垫上，双腿屈髋抬起，双脚分开与髋同宽，将瑞士球置于小腿后侧与垫面之间，双臂置于体侧外展约 30 度，双手掌心紧贴垫面。

动作过程

- 保持双臂姿势不变，臀部收缩，髋部抬起，使双腿和躯干成一条直线。
- 保持该姿势 2~3 秒。
- 保持双臂姿势不变，双腿屈膝约 90 度，同时足跟将瑞士球向臀部滚动至脚掌接触球面。
- 保持该姿势 2~3 秒。
- 恢复至初始姿势。重复该动作至规定次数。

核心收紧，背部挺直。

小提示

勾腿时呼气，还原时吸气；过程中如果臀部或大腿感到疼痛，应降低强度或立刻停止。

瑞士球－单腿下蹲

扫一扫，视频同步学

▶ 练习目的

强化股四头肌力量，有助于半月板损伤、股四头肌拉伤的预防和康复。

▶ 主要肌肉

股四头肌、臀大肌、核心肌群。

初始姿势

身体站立于瑞士球前，背对瑞士球，躯干直立，目视前方，一侧腿伸展支撑身体，另一侧腿屈髋抬起约 45 度，双臂外展且向内屈肘，双手扶于腰间。

小提示

身体下蹲时吸气，上升时呼气；过程中如果臀部或大腿感到疼痛，应降低强度或立刻停止。

动作过程

- 保持单腿支撑姿势不变，支撑腿屈髋屈膝约 90 度下蹲至臀部接触瑞士球面。

- 保持该姿势将 2~3 秒，恢复至初始姿势。重复该动作至规定次数。

- 换对侧腿进行同样的动作。

弹力带 – 站姿 – 双脚提踵

扫一扫，视频同步学

▶ **练习目的**

加强小腿三头肌力量，有助于踝关节扭伤、跟腱炎的预防和康复。

▶ **主要肌肉**

腓肠肌、比目鱼肌。

初始姿势

- 身体成直立站姿，目视前方，双腿并拢，双臂自然下垂，将弹力带中间置于双脚前脚掌之下，双手紧握弹力带的两端，保持弹力带有一定张力但不紧绷。

动作过程

- 保持躯干姿势不变，小腿后侧发力使双脚足跟向上抬起至最大限度。
- 保持该姿势 2~3 秒，恢复至初始姿势。重复该动作至规定次数。

 **小提示**

提踵时呼气，恢复时吸气；过程中如果脚踝或小腿感到疼痛，应降低强度或立刻停止。

弹力带位置在前脚掌，避免抬起足跟时弹力带脱落。

弹力带 – 坐姿 – 单侧踝背屈

扫一扫，视频同步学

▶ **练习目的**

　加强踝关节背屈力量，有助于踝关节扭伤、胫骨内侧应力综合征（疲劳性骨膜炎）、小腿疲劳性骨折的预防和康复。

▶ **主要肌肉**

　胫骨前肌。

初始姿势

● 身体坐于约与腰同高的跳箱之上，躯干直立，目视前方，双腿屈髋屈膝，小腿自然下垂，双臂下展，双手扶于跳箱边缘。将弹力带一端固定于一侧脚前脚掌处且踝关节跖屈约 90 度；另一端固定于跳箱底部，保持弹力带有一定张力但不紧绷。

 **小提示**

背屈时呼气，还原时吸气；过程中如果脚踝感到疼痛，应降低强度或立刻停止。

动作过程

● 保持躯干姿势不变，小腿前侧发力，踝关节背屈使前脚掌向上拉伸弹力带至最大限度。

● 保持该姿势 2~3 秒，恢复至初始姿势。重复该动作至规定次数。

● 换对侧进行同样的动作。

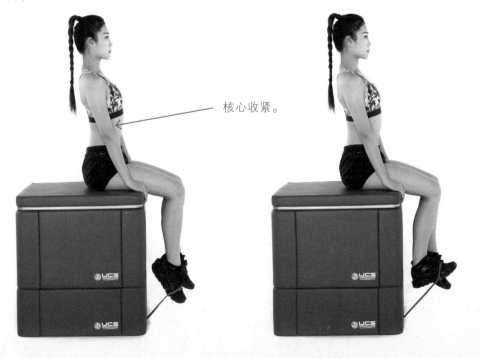

核心收紧。

弹力带 – 仰卧 – 卷腹

扫一扫，视频同步学

▶ **练习目的**

增强腹部肌肉力量，有助于髌股关节疼痛综合征、髂胫束摩擦综合征、足部应力性骨折、阔筋膜张肌肌腱病、非特异性腰痛、骶髂关节损伤的预防和康复。

▶ **主要肌肉**

腹直肌。

初始姿势

- 身体仰卧于垫上，目视上方，双腿屈髋屈膝，双脚脚掌接触垫面，双臂上伸，双手分别握住弹力带两端，弹力带中间固定于头部后方与手同高的位置，保持弹力带有一定张力但不紧绷。

动作过程

- 保持下身姿势不变，腹部发力使躯干向上抬起至最大限度，同时尽量保持手臂与躯干角度不变，使手臂随躯干运动而向前拉伸弹力带。
- 保持该姿势 2~3 秒，恢复至初始姿势。重复该动作至规定次数。

核心收紧，颈部不要发力。

🏃 **小提示**

卷腹时呼气，还原时吸气；过程中如果腹部感到疼痛，应降低强度或立刻停止。

其他角度

弹力带－侧卧－单侧伸膝

扫一扫，视频同步学

▶ 练习目的

加强膝关节周围肌肉的力量和提升其稳定性，有助于半月板损伤、髌股关节疼痛综合征的预防和康复。

▶ 主要肌肉

股四头肌。

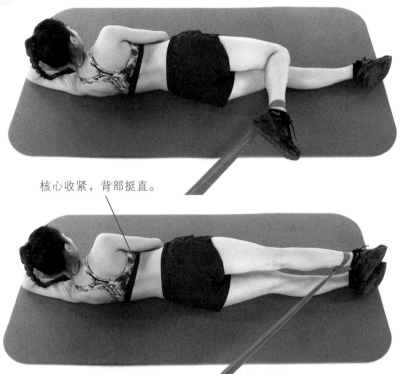

核心收紧，背部挺直。

初始姿势

- 身体侧卧于垫上，下侧腿伸展，上侧腿屈膝 90 度。将弹力带一端固定于上侧脚踝处，另一端固定于身后同等高度的位置，保持弹力带有一定张力但不紧绷。下侧上臂接触垫面，用手支撑头部，上侧手臂内向屈肘，手掌置于胸前，掌心接触垫面。

动作过程

- 保持躯干和手臂姿势不变，上侧腿发力使膝关节完全伸展，双腿并拢。
- 保持该姿势 2~3 秒，恢复至初始姿势。重复该动作至规定次数。
- 换对侧腿进行同样的伸膝动作。

小提示

伸膝时呼气，屈膝时吸气；过程中如果大腿感到疼痛，应降低强度或立刻停止。

徒手蹲 – 单腿

扫一扫，视频同步学

▶ 练习目的

加强膝关节周围肌肉的力量和提升其稳定性，有助于膝骨关节病的预防和康复。

▶ 主要肌肉

股四头肌、臀大肌、腘绳肌、腓肠肌、比目鱼肌。

初始姿势

- 身体成直立站姿，目视前方，双脚分开与肩同宽，双臂自然垂于体侧。

小提示

下蹲时吸气，还原时呼气；过程中如果臀部或腿部感到疼痛，应降低强度或立刻停止。

动作过程

- 保持躯干和双臂姿势不变，一侧腿单独支撑身体，另一侧腿展髋屈膝，将脚踝外侧置于对侧腿膝盖上方。

- 保持躯干姿势不变，双臂前平举，同时屈髋屈膝至大腿约平行于地面。

- 保持该姿势 2~3 秒，恢复至初始姿势。重复该动作至规定次数。

- 换对侧腿进行同样的动作。

分腿蹲 - 原地

扫一扫，视频同步学

▶ 练习目的

加强膝关节周围肌肉的力量和提升其稳定性，有助于髌腱炎的预防和康复。

▶ 主要肌肉

股四头肌、臀大肌、腘绳肌。

初始姿势

● 身体成站姿，躯干直立，目视前方，双脚前后分开约两倍肩宽，双腿伸展，后侧脚足跟抬起，双臂外展并向内屈肘，双手扶于腰间。

动作过程

● 保持躯干和双臂姿势不变，身体下蹲使前侧腿屈髋屈膝 90 度，后侧腿屈膝 90 度，成弓步姿势。

● 保持该姿势 2~3 秒，恢复至初始姿势。重复该动作至规定次数。

● 换对侧腿进行同样的动作。

全程保持核心收紧，背部挺直。

 小提示

下蹲时吸气，还原时呼气；过程中如果臀部或大腿感到疼痛，应降低强度或立刻停止。

其他角度

 ⇒

泡沫轴滚压大腿前侧

扫一扫，视频同步学

▶ 练习目的

放松大腿前侧肌肉，有助于髌腱炎、股四头肌拉伤的预防和康复。

▶ 主要肌肉

股四头肌。

滚压过程中保持身体稳定。

初始姿势

- 身体俯卧于垫上，将泡沫轴置于一侧大腿前侧和垫子之间，另一侧腿微微抬起，使脚部叠放在对侧脚之上，双臂屈肘，前臂接触垫面支撑身体，胸腹部和脚部不得接触垫面。

动作过程

- 双臂发力辅助身体前后移动，使泡沫轴在股四头肌处滚动。
- 滚动泡沫轴至规定时间。
- 换对侧腿进行同样的放松动作。

小提示

全程保持均匀呼吸；滚压时如果大腿前侧感到疼痛难忍，应降低强度或立刻停止。

泡沫轴滚压大腿后侧

扫一扫，视频同步学

▶ 练习目的

放松大腿后侧肌肉，有助于鹅足肌腱炎、腘绳肌拉伤的预防和康复。

▶ 主要肌肉

腘绳肌。

滚压过程中保持身体稳定。

初始姿势

- 身体坐于垫上，将泡沫轴置于一侧大腿后侧和垫子之间，另一侧腿微微抬起，使脚踝叠放在对侧小腿之上；双臂下展，双手掌心接触垫面。

动作过程

- 双臂发力撑起躯干，使臀部抬离垫面，并辅助身体前后移动，使泡沫轴在腘绳肌处滚动。
- 滚动泡沫轴至规定时间。
- 换对侧腿进行同样的放松动作。

小提示

全程保持均匀呼吸；滚压时如果大腿后侧感到疼痛难忍，应降低强度或立刻停止。

泡沫轴滚压大腿内侧

扫一扫，视频同步学

▶ 练习目的

　　放松大腿内侧肌肉，有助于髋内收肌肌腱炎的预防和康复。

▶ 主要肌肉

　　大收肌、短收肌、长收肌、耻骨肌、股薄肌。

滚压过程中保持身体稳定。

初始姿势

- 身体俯卧于垫上，双腿分开大于肩宽，一侧腿外旋 90 度，将泡沫轴置于大腿内侧和垫子之间，另一侧腿脚尖撑地；双臂屈肘，前臂接触垫面支撑身体，胸腹部和腿部不得接触垫面。

动作过程

- 双臂发力辅助身体前后移动，使泡沫轴在大腿内侧滚动。
- 滚动泡沫轴至规定时间。
- 换对侧腿进行同样的放松动作。

小提示

　　全程保持均匀呼吸；滚压时如果大腿内侧感到疼痛难忍，应降低强度或立刻停止。

115

泡沫轴滚压小腿前侧

▶ 练习目的

放松小腿前侧肌肉，有助于胫骨内侧应力综合征（疲劳性骨膜炎）、小腿疲劳性骨折、踝背屈肌腱病的预防和康复。

▶ 主要肌肉

胫骨前肌。

扫一扫，视频同步学

滚压过程中保持身体稳定。

初始姿势

- 身体跪于垫上，躯干保持平直，双臂下展，手掌接触垫面支撑身体。一侧腿屈髋屈膝至腹部与大腿、大腿与小腿紧贴，将泡沫轴置于小腿前侧和垫子之间；另一侧腿后伸屈膝，脚尖撑地，膝盖不得接触垫面。

动作过程

- 双臂与撑地的脚尖发力辅助身体前后移动，使泡沫轴在小腿前侧滚动。
- 滚动泡沫轴至规定时间。
- 换对侧腿进行同样的放松动作。

小提示

全程保持均匀呼吸；滚压时如果小腿前侧感到疼痛难忍，应降低强度或立刻停止。

泡沫轴滚压小腿后侧

▶ 练习目的

放松小腿后侧肌肉，有助于小腿拉伤/劳损/肌腱病、跟腱炎、跟骨后滑囊炎的预防和康复。

▶ 主要肌肉

腓肠肌、比目鱼肌。

滚压过程中保持身体稳定。

初始姿势

- 身体坐于垫上，将泡沫轴置于一侧小腿后侧和垫子之间，另一侧腿微微抬起，使脚踝叠放在对侧小腿之上；双臂下展，双掌接触垫面，双臂发力撑起躯干，使臀部抬离垫面。

动作过程

- 双臂发力辅助身体前后移动，使泡沫轴在小腿后侧滚动。
- 滚动泡沫轴至规定时间。
- 换对侧腿进行同样的放松动作。

🏃 小提示

全程保持均匀呼吸；滚压时如果小腿后侧感到疼痛难忍，应降低强度或立刻停止。

117

筋膜球滚压髂腰肌

扫一扫，视频同步学

▶ 练习目的

放松髂腰肌，有助于髂腰肌肌腱炎的预防和康复。

▶ 主要肌肉

髂腰肌。

小提示

全程保持均匀呼吸；滚压时如果髋部感到疼痛难忍，应降低强度或立刻停止。

滚压过程中保持身体稳定。

初始姿势

- 身体俯卧于垫上，将筋膜球置于一侧髋部下方和垫子之间，手臂外展且向内屈肘，前臂接触垫面，双手交叠置于下颌与垫子之间。

动作过程

- 保持身体姿势不变，双臂发力辅助身体前后小范围移动，使筋膜球在髂腰肌周围滚动。

- 滚动筋膜球至规定时间。

- 换对侧髋部进行同样的放松动作。

筋膜球滚压踝关节

扫一扫，视频同步学

▶ 练习目的

放松踝关节周围肌肉，有助于胫骨后肌腱炎、踝背屈肌腱病、跟骨后滑囊炎的预防和康复。

▶ 主要肌肉

腓骨长肌、腓骨短肌。

小提示

全程保持均匀呼吸；滚压时如果脚踝感到疼痛难忍，应降低强度或立刻停止。

←——————— 滚压过程中保持身体稳定。

初始姿势

- 身体坐于垫上，躯干直立，一侧腿向外伸展至最大限度，另一侧腿膝关节内屈至最大限度。将筋膜球置于屈曲腿的踝关节外侧与垫子之间，双臂内屈，双手分别扶住脚部和小腿。

动作过程

- 保持身体姿势不变，双手辅助脚踝小范围移动，使筋膜球在踝关节周围滚动。

- 滚动筋膜球至规定时间。

- 换对侧进行同样的放松动作。

脚尖屈伸训练

扫一扫，视频同步学

▶ 练习目的

提升踝关节灵活性，有助于踝背屈肌腱病的预防和康复。

▶ 主要肌肉

腓肠肌、比目鱼肌。

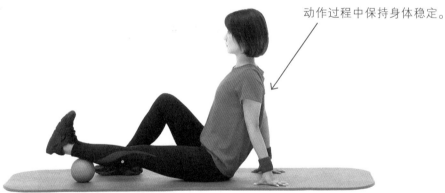

动作过程中保持身体稳定。

初始姿势

- 身体坐于垫上，将筋膜球置于一侧小腿后侧下方和垫子之间且绷直该侧脚背，另一侧腿屈髋屈膝且脚掌撑地，躯干略微后倾，双臂下展，双掌接触垫面。

🏃 **小提示**

全程保持均匀呼吸；过程中如果脚踝感到疼痛，应降低强度或立刻停止。

动作过程

- 保持身体姿势不变，置于筋膜球上的脚的踝关节跖屈。
- 保持该姿势 2~3 秒。
- 保持身体姿势不变，置于筋膜球上的脚的踝关节背屈。
- 保持该姿势 2~3 秒。
- 换对侧腿进行同样的动作。

迷你带蚌式训练

扫一扫，视频同步学

▶ **练习目的**

加强臀中肌力量，有助于髌股关节疼痛综合征、膝骨关节病、足部应力性骨折、股骨大粗隆滑囊炎的预防和康复。

▶ **主要肌肉**

臀中肌、阔筋膜张肌。

动作过程中保持身体稳定。

初始姿势

- 身体侧卧于垫上，双腿并拢且屈髋屈膝约至足跟、臀部和躯干成一条直线。将迷你带环绕于膝盖上方，上侧手臂外展且向内屈肘，手扶于腰间；下侧手臂下展且向前屈肘，前臂接触垫面支撑身体，使躯干侧屈抬起。

动作过程

- 保持躯干和下侧腿姿势不变，上侧腿由髋部发力外展至最大限度。

- 保持该姿势 2~3 秒，恢复至初始姿势。重复该动作至规定次数。

- 换对侧腿进行同样的动作。

小提示

髋部外展时呼气，还原时吸气；过程中如果臀部或大腿感到疼痛，应降低强度或立刻停止。

迷你带向前行走训练

扫一扫，视频同步学

▶ 练习目的

> 提升下肢稳定性和强化下肢力量，有助于髌股关节疼痛综合征、跖骨痛、骶髂关节损伤的预防和康复。

▶ 主要肌肉

> 臀大肌、臀中肌、股四头肌、核心肌群。

初始姿势

- 身体成站姿，目视前方，双脚分开与肩同宽。将迷你带环绕于双腿踝关节处，同时屈髋90度、屈膝45度使躯干前倾，身体成半蹲姿势，双臂屈肘，双手扶于腰间。

动作过程

- 保持躯干和手臂姿势不变，一侧腿向前迈步，之后对侧腿再向前迈步。
- 重复双腿交替向前行走的动作至规定步数、距离或次数。

小提示

全程保持均匀呼吸；过程中如果大腿感到疼痛，应降低强度或立刻停止。

动作过程中保持身体稳定。

平衡垫 – 站姿 – 单腿外展

扫一扫，视频同步学

▶ **练习目的**

加强踝关节周围肌肉的力量，有助于小腿疲劳性骨折的预防和康复。

▶ **主要肌肉**

腓肠肌、比目鱼肌、胫骨前肌和髋外展肌。

初始姿势

- 身体直立站于平衡垫上，目视前方，双脚略微分开。将迷你带环绕于双脚踝关节处，双臂向内屈肘，前臂交叠成十字，双手贴于对侧肩部。

动作过程

- 保持躯干姿势不变，一侧腿单独支撑身体，另一侧腿向外伸展抬起，拉伸迷你带至最大限度。

- 保持该姿势 2~3 秒，恢复至初始姿势。重复该动作至规定次数。

- 换对侧进行同样的外展动作。

 小提示

腿外展时呼气，还原时吸气；过程中如果腿部或脚踝感到疼痛，应降低强度或立刻停止。

外展过程中保持身体稳定。

落地缓冲原地主动降重心训练

扫一扫，视频同步学

▶ **练习目的**

强化下肢整体功能，有助于髌腱炎、鹅足肌腱炎、踝关节扭伤的预防和康复。

▶ **主要肌肉**

臀大肌、股四头肌、腘绳肌、腓肠肌、比目鱼肌。

初始姿势

- 身体成直立站姿，目视前方，双脚分开与肩同宽，双臂上举，双手掌心相对。

动作过程

- 保持双脚位置不变，迅速屈髋 90 度、屈膝 45 度使躯干前倾，身体成半蹲的落地缓冲姿势，同时双臂快速向下、向后摆动至臀部两侧。

- 保持该姿势 2~3 秒，恢复至初始姿势。重复该动作至规定次数。

 **小提示**

全程保持均匀呼吸；过程中如果腿部感到疼痛，应降低强度或立刻停止。

动作过程中保持身体稳定。

落地缓冲跳上跳箱训练

扫一扫，视频同步学

▶ **练习目的**

强化下肢整体功能，有助于膝关节扭伤、鹅足肌腱炎的预防和康复。

▶ **主要肌肉**

臀大肌、股四头肌、腘绳肌、腓肠肌、比目鱼肌。

初始姿势

● 身体直立面对跳箱站立，与跳箱保持约一步距离，目视前方，双腿并拢，双臂自然垂于体侧。

动作过程

● 身体屈髋屈膝成准备跳跃姿势，同时双臂向后摆动至臀部两侧。

● 双腿发力使身体直立，迅速向上、向前跳起，同时双臂快速向上摆动至头部两侧。

● 双脚落于跳箱上，身体迅速屈髋屈膝成落地缓冲姿势，同时双臂快速向下、向后摆动。

● 保持落地缓冲姿势 2~3 秒，身体恢复直立。

● 恢复至初始姿势。重复该动作至规定次数。

小提示

全程保持均匀呼吸；过程中如果腿部感到疼痛，应降低强度或立刻停止。

动作过程中保持身体稳定。

落地缓冲跳下跳箱训练

扫一扫，视频同步学

▶ 练习目的

　强化下肢整体功能，有助于鹅足肌腱炎的预防和康复。

▶ 主要肌肉

　臀大肌、股四头肌、腘绳肌、腓肠肌、比目鱼肌。

小提示

全程保持均匀呼吸；过程中如果腿部感到疼痛，应降低强度或立刻停止。

初始姿势

● 身体直立站于跳箱边缘，目视前方，双腿并拢，双臂自然垂于体侧。

动作过程

● 保持躯干直立，双腿发力使身体屈髋屈膝向前跳起。

● 双脚落于地面，身体迅速屈髋屈膝成落地缓冲姿势，同时双臂快速向下、向后摆动。

● 保持落地缓冲姿势 2~3 秒，身体恢复直立。

● 恢复至初始姿势。重复该动作至规定次数。

动作过程中保持身体稳定。

臀部拉伸

扫一扫，视频同步学

▶ 练习目的

提升臀肌柔韧性，有助于臀肌拉伤 / 劳损、骶髂关节损伤的预防和康复。

▶ 主要肌肉

臀大肌、臀中肌、臀小肌。

腰背平直。

初始姿势

- 身体坐于垫上，腰背平直，目视前方，双臂下展，双手置于体前，掌心紧贴垫面，一侧腿向后伸展至脚背、膝关节紧贴垫面，另一侧腿向外屈髋并向内屈膝至最大限度，使臀部肌群有明显的拉伸感。

动作过程

- 保持该姿势至规定时间。
- 换对侧进行同样的拉伸动作。

其他角度

小提示

全程保持均匀呼吸；拉伸时如果臀部感到疼痛，应降低强度或立刻停止。

动态拉伸 - 臀部外侧

▶ 练习目的

提升臀肌柔韧性，有助于臀肌拉伤 / 劳损、阔筋膜张肌肌腱病的预防和康复。

扫一扫，视频同步学

▶ 主要肌肉

臀大肌、臀中肌、臀小肌、阔筋膜张肌。

初始姿势

- 身体成直立站姿，目视前方，双脚分开与肩同宽，双臂自然垂于体侧。

 小提示

全程保持均匀呼吸；拉伸时如果臀部感到疼痛，应降低强度或立刻停止。

动作过程

- 保持躯干姿势不变，一侧腿单独支撑身体，另一侧腿在屈髋屈膝的同时将脚部置于对侧髋部前方，双臂前伸，双手分别抱于屈髋屈膝腿的膝盖和脚踝处。

- 保持躯干和支撑腿姿势不变，双臂屈肘，向肩部牵拉屈髋屈膝腿至目标肌肉有一定程度的拉伸感。

- 保持该姿势 2~3 秒。重复该动作至规定次数。

- 换对侧腿进行同样的拉伸动作。

扫一扫，视频同步学

静态 – 臀桥

▶ 练习目的

强化臀肌、腘绳肌和核心肌群的力量，有助于膝关节扭伤、臀肌拉伤 / 劳损、腘绳肌拉伤的预防和康复。

▶ 主要肌肉

臀大肌、腘绳肌、核心肌群。

初始姿势

- 身体仰卧于垫上，目视上方，双腿屈髋 60 度、屈膝 90 度，双脚脚尖抬起、脚跟撑地，双臂自然置于体侧，双手掌心朝下。

动作过程

- 保持双臂姿势和双脚位置不变，核心发力使臀部向上抬起至躯干和大腿成一条直线。
- 保持该姿势至规定时间。

小提示

臀部抬起时呼气，还原时吸气；过程中如果臀部和大腿感到疼痛，应降低强度或立刻停止。

其他角度

 ⇨

跪姿－直膝后踢腿

扫一扫，视频同步学

▶ 练习目的

强化臀肌和腘绳肌的力量，有助于膝骨关节病、臀肌拉伤 /
劳损、腘绳肌拉伤的预防和康复。

▶ 主要肌肉

臀大肌、腘绳肌。

初始姿势

- 身体跪于垫上，屈髋屈膝 90 度
  使躯干下俯，双臂下展，手掌接
  触垫面支撑身体。

动作过程

- 保持躯干和双臂姿势不变，一侧
  腿单独支撑，另一侧腿向后抬起
  并完全伸展至大致与地面平行。

- 保持该姿势 2~3 秒，恢复至初始
  姿势。重复该动作至规定次数。

- 换对侧腿进行同样的动作。

向后伸腿时，躯干保持稳
定，核心收紧，体会臀大
肌、腘绳肌的收缩发力。

小提示

腿后伸时呼气，还原时吸气；过程中如果臀部和
大腿感到疼痛，应降低强度或立刻停止。

其他角度

坐姿 – 抬脚尖

扫一扫，视频同步学

▶ **练习目的**

提升踝关节背屈力量，有助于踝关节扭伤、半月板损伤、胫骨内侧应力综合征（疲劳性骨膜炎）、小腿疲劳性骨折的预防和康复。

▶ **主要肌肉**

胫骨前肌。

初始姿势

- 身体坐于与膝盖同高的椅子之上，躯干直立，目视前方，双脚分开与肩同宽，双腿自然屈膝90 度支撑身体，双臂前伸，双手置于双膝之上。

动作过程

- 保持身体姿势和双脚脚跟位置不变，踝关节背屈使脚尖上抬至最大限度。

- 保持该姿势 2~3 秒，恢复至初始姿势。重复该动作至规定次数。

其他角度

小提示

背屈时呼气，还原时吸气；过程中如果脚踝或小腿感到疼痛，应降低强度或立刻停止。

坐姿 – 小腿拉伸

扫一扫，视频同步学

▶ 练习目的

提升小腿三头肌柔韧性，有助于小腿拉伤 / 劳损 / 肌腱病、胫骨后肌腱炎的预防和康复。

▶ 主要肌肉

比目鱼肌、腓肠肌。

初始姿势

● 身体坐于垫上，躯干直立，目视前方，双腿并拢并向前伸展，双臂自然垂于体侧，双手掌心朝下接触垫面。

动作过程

● 躯干略微前倾，一侧腿向后屈至大腿与胸腹部贴紧且全脚掌着地，同侧手臂内屈，手掌扶于膝盖处；另一侧腿保持伸展，同侧手臂前伸至用手抓住脚尖，并发力使踝关节背屈，脚尖向躯干方向靠近至目标肌肉有一定程度的拉伸感。

● 保持该姿势至规定时间。

● 换对侧腿进行同样的拉伸动作。

小提示

全程保持均匀呼吸；拉伸时如果小腿感到疼痛，应降低强度或立刻停止。

其他角度

⟹

站姿 – 比目鱼肌及跟腱拉伸

扫一扫，视频同步学

▶ **练习目的**

提升小腿三头肌的柔韧性，有助于小腿拉伤／劳损／肌腱病、胫骨后肌腱炎的预防和康复。

▶ **主要肌肉**

比目鱼肌、腓肠肌。

初始姿势

- 身体成站姿，躯干直立，目视前方，双脚前后分开约一步距离，双臂内屈，双手扶于腰间。

动作过程

- 保持躯干和双臂姿势不变，身体重心下降，前侧腿屈髋屈膝，后侧腿屈膝至目标肌肉有一定程度的拉伸感。
- 保持该姿势至规定时间。
- 换对侧腿进行同样的拉伸动作。

脚跟全程保持贴地。

其他角度

小提示

全程保持均匀呼吸；拉伸时如果小腿感到疼痛，应降低强度或立刻停止。

坐姿 – 腿部后侧拉伸

扫一扫，视频同步学

▶ 练习目的

提升腘绳肌的柔韧性，有助于腘绳肌拉伤、膝关节扭伤的预防和康复。

▶ 主要肌肉

腘绳肌、腓肠肌。

初始姿势

- 身体坐于与膝盖同高的椅子之上，仅臀部与椅面前侧接触，躯干直立，目视前方，双脚分开与肩同宽。一侧腿自然屈膝支撑；另一侧腿伸展，足跟着地，脚尖略微内勾。双臂前伸，双手置于双膝上方。

动作过程

- 保持腿部姿势不变，屈髋使躯干下俯，同时双臂伸展，双手交叠并从伸展腿膝盖处沿腿部下移至脚踝处。

- 保持该姿势至规定时间。

- 换对侧腿进行同样的拉伸动作。

🏃 **小提示**

全程保持均匀呼吸；拉伸时如果腿部感到疼痛，应降低强度或立刻停止。

其他角度

髋内收肌练习

扫一扫，视频同步学

▶ 练习目的

　强化髋内收肌的力量，有助于髋内收肌肌腱炎的预防和康复。

▶ 主要肌肉

　大收肌、长收肌、短收肌、耻骨肌、股薄肌。

初始姿势

- 身体侧卧于垫上，下侧腿伸展，脚略微抬起，
  上侧腿屈膝，脚置于下侧腿大腿前侧支撑身体。
  上侧手臂内屈，手掌置于胸前，掌心接触垫面，
  下侧手臂上屈，手部置于脑后。

动作过程

- 下侧腿上抬至最大限度。
- 保持该姿势 2~3 秒，恢复至初始姿势。重复该
  动作至规定次数。
- 换对侧腿进行同样的动作。

核心收紧，躯干保持不动，重点体会髋内收肌发力。

小提示

抬腿时呼气，还原时吸气；过程中如果大腿感到疼痛，应降低强度或立刻停止。

其他角度

站姿 – 髋内收肌拉伸

扫一扫，视频同步学

▶ 练习目的

提升髋内收肌柔韧性，有助于髋内收肌肌腱炎的预防和康复。

▶ 主要肌肉

大收肌、长收肌、短收肌、耻骨肌、股薄肌。

初始姿势

- 身体成蹲姿，一侧腿屈髋屈膝至髋部与大腿、大腿与小腿完全紧贴，另一侧腿向外伸展，脚跟着地，脚尖朝上。双臂下展，双手掌心接触地面支撑身体。

动作过程

- 臀部下压至伸展腿的目标肌肉有一定程度的拉伸感。
- 保持该姿势至规定时间。
- 换对侧腿进行同样的拉伸动作。

其他角度

小提示

全程保持均匀呼吸；拉伸时如果大腿感到疼痛，应降低强度或立刻停止。

单脚 – 站立屈膝

扫一扫，视频同步学

▶ 练习目的

加强踝关节的本体感觉，有助于踝关节扭伤的预防和康复。

▶ 主要肌肉

腓肠肌、比目鱼肌、胫骨前肌、胫腘绳肌。

初始姿势

- 身体成直立站姿，目视前方，双脚并拢，双臂外展并向内屈肘，双手扶于腰间。

动作过程

- 保持躯干和手臂姿势不变，一侧腿单独支撑身体，另一侧腿向后屈膝约 90 度，同时脚背尽量绷直。
- 保持该姿势至规定时间。
- 换对侧腿进行同样的屈膝动作。

动作过程中始终保持核心收紧，控制身体平衡。

其他角度

小提示

全程保持均匀呼吸；过程中如果脚踝或腿部感到疼痛，应降低强度或立刻停止。

站姿 – 髋屈肌拉伸

扫一扫，视频同步学

▶ 练习目的

拉伸髂腰肌，有助于髂腰肌肌腱炎的预防和康复。

▶ 主要肌肉

髂腰肌、股直肌、缝匠肌。

初始姿势

- 身体成直立站姿，目视前方，双脚并拢，双臂自然垂于体侧。

动作过程

- 保持躯干和双臂姿势不变，一侧腿屈髋屈膝 90 度并向前跨出一大步，另一侧腿略微屈膝，脚跟抬起成弓步姿势，躯干下压至目标肌肉有一定程度的拉伸感。

- 保持该姿势至规定时间。

- 换对侧腿进行同样的拉伸动作。

全程保持核心收紧，背部挺直。

其他角度

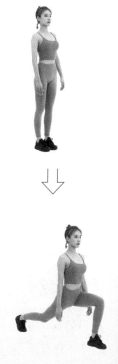

小提示

全程保持均匀呼吸；拉伸时如果髋部或大腿感到疼痛，应降低强度或立刻停止。

窄距－半蹲

扫一扫，视频同步学

▶ 练习目的

加强股四头肌的力量，有助于半月板损伤、膝骨关节病、股四头肌拉伤的预防和康复。

▶ 主要肌肉

股四头肌、臀大肌。

初始姿势

- 身体成直立站姿，目视前方，双脚分开小于肩宽，双臂自然垂于体侧。

动作过程

- 保持双脚位置不变，股四头肌和臀大肌发力，使躯干前倾至屈髋 90 度，屈膝至大腿与地面成 45 度，同时双臂前平举，双手掌心朝下。
- 保持该姿势 2~3 秒，恢复至初始姿势。重复该动作至规定次数。

全程保持核心收紧，背部挺直。

其他角度

小提示

下蹲时吸气，还原时呼气；过程中如果臀部或大腿感到疼痛，应降低强度或立刻停止。

139

椅式 – 架腿压

扫一扫，视频同步学

▶ 练习目的

提升腘绳肌的柔韧性，有助于腘绳肌拉伤、膝关节扭伤的预防和康复。

▶ 主要肌肉

腘绳肌。

初始姿势

- 身体站于约离椅子一米远处，躯干直立，目视前方，一侧腿单独支撑身体，另一侧腿屈髋抬起，将脚跟置于椅面之上，双臂略屈，双手扶于屈髋腿的大腿前侧。

动作过程

- 保持腿部姿势不变，屈髋使躯干下俯，同时双手交叠于膝盖上方并下压至目标肌肉有一定程度的拉伸感。
- 保持该姿势至规定时间。
- 换对侧腿进行同样的动作。

不要过度拉伸，保持膝盖自然伸直。

 小提示

全程保持均匀呼吸；过程中如果大腿感到疼痛，应降低强度或立刻停止。

其他角度

热身 – 膝关节

▶ 练习目的

提升膝关节的灵活性，有助于膝关节扭伤的预防和康复。

▶ 主要肌肉

腓肠肌、胫骨前肌、股四头肌、腘绳肌。

初始姿势

● 身体成直立站姿，目视前方，双脚分开与肩同宽，双臂自然垂于体侧。

动作过程

● 保持双脚位置不变，下肢肌肉发力屈膝 90 度，躯干前倾约 45 度，双臂外展并向内屈肘，双手扶于膝盖之上。

● 臀部向上抬起至膝关节完全伸展，同时展髋至 90 度，双臂亦完全伸展。

● 恢复至初始姿势。重复该动作至规定次数。

减慢动作的速度，膝关节伸展时切勿锁死。

 小提示

全程保持均匀呼吸；过程中如果膝盖感到疼痛，应降低强度或立刻停止。

椅式 – 分腿压

▶ 练习目的

提升腘绳肌的柔韧性，有助于腘绳肌拉伤、膝关节扭伤的预防和康复。

扫一扫，视频同步学

▶ 主要肌肉

腘绳肌。

初始姿势

- 身体坐于与膝盖同高的椅子之上，仅有臀部与椅面前侧接触，躯干直立，目视前方，双腿展膝并向两侧展髋至双腿夹角约 90 度，脚跟着地，脚尖朝向斜上方约 45 度，双臂略微前屈，双手扶于双腿膝盖上方。

动作过程

- 保持腿部姿势不变，屈髋使躯干下俯，同时双臂向下伸展，双手指尖尽量接近双脚脚尖至目标肌肉有一定程度的拉伸感。

- 保持该姿势至规定时间。

小提示

全程保持均匀呼吸；过程中如果大腿感到疼痛，应降低强度或立刻停止。

第 **8** 章

常见疑问与误区

1 我从小就会跑步，跑步还需要学吗？

如果只是把跑步作为一种日常生活需要，例如快速通过马路、追公交车等，那么这只是一种本能，当然不用学习。但如果是把跑步作为以健身为目的的规律性运动，学习一些跑步基本技术是很有必要的。因为这不但能促进提高跑步成绩、增加跑步运动的乐趣，还能有效降低发生运动损伤的概率。

2 跑步是一项适合所有人的健身运动吗？

跑步对场地、器材、设备的要求比较低，技术门槛也不高，对大部分运动人群是比较友好的。但需要提醒的是，对于患有心脑血管疾病、呼吸系统疾病、下肢关节重度骨关节病、身体严重营养不良或者某些运动系统组织结构存在损伤的人群，跑步运动并不适合。因为即便是低速跑步，心率、呼吸频率都会上升 50% 以上，而且下肢的膝关节、踝关节等关节及其周围肌腱、韧带会在跑步运动中反复受到刺激，如果这些部位本来就有疾病或损伤，那么加重的可能性会很大。

3 优质的跑步装备可以帮助跑者在身体有损伤或疼痛的情况下继续跑步吗？

有些装备，例如护膝、护踝、护腰等护具，跑鞋，绷带，肌肉贴布等，都是可以有效预防或减少跑步运动中出现的损伤和疼痛的。甚至在有损伤的情况下，穿着或佩戴优质的装备，可以使疼痛缓解。但需要强调的是，不疼不代表没有损伤，甚至有些损伤也许会在不知不觉中加重。所以，如果已经确诊了某些损伤，例如半月板损伤、软骨损伤、韧带损伤等，那么任何装备都无法避免继续跑步时损伤的加重。

4 跑步本身可以作为热身运动，所以跑步之前是否不需要再进行其他热身运动？

这个观点正是很多人的认识误区。跑步运动中，心率和呼吸以及肌肉、关节负荷等都处于高水平，而且会维持很长时间。此外，下肢肌腱、韧带、关节等运动系统需要提前适应跑步过程中的反复应力刺激。因此，在跑步之前，为了减小伤病的发生概率，提高运动效果，需要让运动系统"先热起来"。专家建议，正式跑步之前，需要进行 10~15 分钟的热身，包括慢跑、拉伸等。

5 跑步，尤其是慢跑，结束后可以坐下或躺下休息吗？

跑步，尤其是长时间健身跑后，大多数跑者会感到非常疲劳，很想立刻躺下休息。但这样做对疲劳的恢复是非常不利的，久而久之，还会导致一些肌腱病变、肌肉劳损。所以，无论跑步后多么疲劳，都需要第一时间进行拉伸和放松。慢速的拉伸和适当的放松可以使疲劳的肌肉松弛下来，加快代谢产物排出，这对缓解疲劳和预防损伤大有裨益。

6 挑选跑鞋可以只考虑美观性吗？

许多健身跑爱好者喜爱精美时尚的跑鞋，但选择跑鞋需要考虑的是脚的感受。第一，跑鞋和足部要足够贴合，不要松动，更不能紧绷。第二，跑鞋的缓冲作用比较重要，其可以有效减少地面的反作用力对下肢各关节和肌肉的冲击，继而降低损伤的风险。第三，鞋底的软硬度也很重要，过硬的鞋底减震效果欠佳，过软的鞋底对足底的支撑力度不够，两者容易导致肌腱、韧带劳损。所以，跑鞋的选择需要综合考虑很多因素，不要"以貌取鞋"。

7 跑步扭伤不是疾病，所以疼痛和肿胀消失后（或者可以忍耐时）就可以继续跑步了吗？

　　跑步扭伤多发生在踝关节和膝关节，如果扭伤程度较轻，处理得当，就可以在扭伤部位的疼痛和肿胀完全缓解后继续跑步。但如果扭伤程度较为严重，造成韧带等结构的撕裂，即便疼痛、肿胀等症状缓解，还是可能残留一些问题，例如关节不稳定，若出现这种症状，就不适合再跑步，需要及时就诊。

8 吃饱了再去跑步，会不会更有力气？

　　虽然不建议空腹跑步，但更不建议跑前过度饮食。我们的胃肠道消化食物需要大量血液，以便从食物中吸收营养。如果吃饱后立即跑步，血液大量灌注到四肢关节等运动系统，那么消化系统的供血会受到严重影响。长此以往，会导致消化不良等。而且在食物从胃部向肠道转运的过程中，过度运动会导致食物残渣滞留在盲肠或阑尾等部位，引起这些部位的炎症，危害我们的身体健康。

9 每周都去跑步，可是体重怎么没变化？

跑步给人体带来的益处很多，例如提高心肺功能、稳定关节、强韧肌肉和肌腱。当然，长期坚持一定强度的健身跑，可以起到减重的作用。但需要澄清的是，不是所有人跑步后体重都会减轻，尤其是跑步时间短、锻炼频率低的人，可能体重很长时间都不会有变化。不过，跑步后人体体脂一般会下降，肌肉含量会上升，这种变化要比单纯的体重减轻更有益处。

10 每次跑步都会膝盖疼，还可以继续跑步吗？

如果只有肌肉、肌腱的酸痛等感觉，而且跑步后，通过及时的拉伸放松，疼痛可以迅速得到缓解，那么可以继续跑步。因为人体会慢慢适应这种运动刺激带来的短暂疼痛。但如果关节周围有明显疼痛，甚至伴有肿胀，那么请暂时停止跑步，及时就诊。

11 我的体重基数较大，很想健身减肥，跑步适合我吗？

适合。跑步等有氧运动是减肥的基础运动，但不要想着一蹴而就。健身减肥是一个规律而缓慢的过程，尤其对于体重基数较大的人，因为在减肥早期，大体重对下肢和腰部的影响还是比较大的。因此，对于体重基数较大的人，应循序渐进地进行健身减肥：早期以骑行、游泳、登山机训练、椭圆仪训练等有氧运动为主，中期可以考虑提高跑步的训练频率，这样既可以降低下肢运动损伤的风险，还能起到健身减肥的效果。

12 我有腰椎间盘突出，适合跑步吗？

腰椎间盘突出患者进行跑步运动确实存在一定风险，可能加重腰腿部症状。但只要情况不严重，并且不在疾病的急性期，可进行适当距离的中慢速跑步。而且跑步健身有利于控制体重、增强肌肉耐力、稳定关节，这些都有助于保护腰椎间盘。另外，如果想预防跑步中腰椎间盘突出加重，平时可以着重强化腰腹部肌肉的力量。

13 患有慢性病的中老年人，可以进行跑步运动吗？

跑步运动适合各个年龄阶段的人群。对于患有糖尿病、高血压、高脂血症的中老年人，坚持进行规律的中小强度的跑步运动是有利于身体健康和疾病控制的，长期坚持甚至可能使病情好转。但是，患有心脑血管疾病的患者，需要在医生允许的前提下才能进行长时间的跑步运动，而且需要找专业的康复人员进行运动风险评估，运动量也必须循序渐进，从低强度逐渐过渡到中等强度。此外，如果运动中出现不适感，应立即停止。

14 跑步时抽筋了，我应该怎么办？

跑步之前若没有做好拉伸等准备运动，跑步过程中会出现肌肉痉挛的症状，就是我们常说的"抽筋"。肌肉痉挛一般发生在小腿后侧肌肉，症状可轻可重。轻度肌肉痉挛一般仅表现为肌肉有紧绷感，只要停下来进行局部按摩就能缓解。中等程度的肌肉痉挛，表现为局部肌肉牵拉痛明显，甚至不能行走，这时需要进行踝关节背屈牵拉，也就是使劲向上勾脚，坚持 30 秒到 1 分钟，症状一般就能缓解。严重的肌肉痉挛可能导致肌肉或肌腱断裂，需要尽早就诊，进行紧急处理。

15 跑步时出汗过多，会不会导致脱水？

有可能。如果进行长距离跑步，尤其是在夏季时，人体会有大量汗液排出。汗液中不仅含有水分，还含有钾离子、钠离子、氯离子等电解质。如果出汗过多，人体会出现脱水症状，例如口渴、无力、头晕和心悸等，若不及时补充水和电解质，甚至会出现低血糖、低血压等。所以，跑步过程中及时补水是非常重要的。我们可以将水放置在某个固定地点，然后围绕这个地点进行跑步运动——如果出现脱水的症状，应及时跑到这个地点进行补充。

16 跑步前应该做好哪些准备，才能尽量避免损伤？

首先，需要配备专业的跑步装备，尤其是专业的跑鞋，其可以有效降低下肢发生运动损伤的风险。其次，需要做好跑前热身和跑后拉伸放松。再次，建议选择塑胶跑道进行跑步运动，可以有效减少路面对下肢的反作用力，降低反复应力刺激对下肢的伤害。最后，一定记住，运动要适可而止，不要过度运动。对于初学者，每周的跑量控制在 20 千米以内为宜，进阶者每周可以控制在 30 千米以内。需要注意的是，如果不是专业运动员，即便是跑步老手，每周的跑量也不要超过 40 千米，否则会提升运动损伤的风险。

17　出现哪种情况，应该停止跑步运动？

跑步是全身运动，可以使许多器官和组织得到锻炼，但是一旦出现损伤也可能是多部位、多症状的。跑步运动常见的问题是运动损伤，一般表现为运动部位疼痛、肿胀、无力等，这时需要停止运动，观察病情变化，必要时就诊。跑步运动还有可能出现心肺功能方面的问题，例如跑步时感到呼吸不畅、胸部疼痛、心慌、心悸等，这时也务必停止运动，及时就诊。另外，运动性血尿、运动性贫血等症状也可能在长期过量的跑步运动后出现，需要引起警惕，一旦出现，需要停止跑步，及时就医。

18　跑步成绩提高得很快，但跑步时小腿经常出现疼痛，这是怎么回事？

对于初学者，由于运动量较小，部分小伤在适当休息后就能缓解。但随着跑步成绩的提高，运动量会增加，运动强度会加大，运动劳损或者严重的运动损伤可能随之而来。常见的运动损伤就是小腿疲劳性骨膜炎，这种运动损伤早期的症状是跑步时小腿前方和侧方有疼痛、肿胀感，严重后甚至快速行走时也会感到疼痛。所以，一旦出现这种现象，请减少跑量，必要时到医院就诊，避免更严重的损伤出现。

19 每次跑完步都会觉得足底很痛且有紧绷感，晨起下地时足底也很痛，这是怎么了？

跑步爱好者常出现运动劳损的部位是足底。在跑步过程中，足部是首先发力和承载地面反作用力的部位，尤其是足底的肌腱、韧带等。足部在受到反复牵拉刺激后，足底跖筋膜会出现炎症反应，导致肌腱退变，甚至形成跟骨下骨刺。常见的症状是足底痛，尤其是久坐或晨起下地时，会感觉足底很僵硬，而且疼得走路跛跄。为了预防这种疾病，我们在跑步前后，要做好足底的有效拉伸和放松，并且选择适合自己的跑鞋，降低损伤风险。

20 什么是跑步的"周期"？

所谓周期性运动是指某项运动在完成过程中，其主要动作、技术具有周期性。跑步时前后摆臂和摆腿重复出现，所以跑步是典型的周期性运动。周期性运动需要保持一定的节奏。良好的节奏不仅可以使跑步更轻松、更省力，还可以提升心肺耐力，更重要的是可以避免或减少运动损伤。至于具体的方法，可以从强化摆臂、保持合理步频、控制好呼吸等方面着手。

21 什么是"跑步者膝"？

"跑步者膝"是跑步爱好者常见的运动损伤，其主要特点是膝关节的特殊部位在跑步中会出现反复疼痛。这种疼痛主要是跑步运动中，髂胫束反复与膝关节外侧的骨性结构摩擦导致的髂胫束摩擦综合征引起的，或者是膝关节前方的髌股关节反复磨损导致的髌股关节疼痛综合征引起的。跑步者膝多源于下肢力线异常，或者跑步姿态错误，又或者下肢力量不佳或不平衡，所以预防和治疗也需要从这些方面做起。

22 我的跑鞋鞋底很软，穿着很舒服，为什么跑起步来足底还是会疼？

对于跑鞋来说，并不是鞋底越软越好。鞋底过度柔软会影响足底肌肉、肌腱等结构对地面反作用力的感知能力，当身体失去平衡时，身体反应能力会下降，容易摔伤。另外，过度柔软的鞋底通常弹性欠佳，当足部蹬地时，身体获得的推进力较小，不仅影响跑步速度，也容易导致下肢，尤其是足底出现劳损，继而产生疼痛。

动作视频观看说明

本书提供了大部分训练动作的在线视频，您可通过微信"扫一扫"，扫描训练动作页面上的二维码进行观看。

步骤1

点击微信聊天界面右上角的"+"，弹出功能菜单（图1）。

步骤2

点击弹出的功能菜单上的"扫一扫"，进入该功能界面。扫描训练动作页面上的二维码，扫描后可直接观看视频（图2）。

图1   图2

作者简介

周敬滨

博士，国家体育总局运动医学研究所运动创伤外科主任，健康中国行动推进委员会专家咨询委员会委员，亚洲运动医学联合会执委，中国体育科学学会运动医学分会秘书长，中华医学会运动医疗分会常委，亚洲田径联合会医务委员会委员；曾多次作为医疗专家参加奥运会、亚运会等重要赛事；长期从事运动损伤的预防、治疗、康复和重返赛场的临床与研究工作。

贺忱

医学硕士，国家体育总局运动医学研究所运动创伤外科主任医师，中华医学会运动医疗分会上肢青年委员会委员，中国医学救援协会运动伤害分会理事，北京医学会运动医学分会委员；曾在多个知名运动医学中心及关节镜中心进行学术访问及研修，擅长膝关节、肩关节和踝关节等部位的运动损伤手术及保守治疗；目前兼任田径、蹦床、曲棍球和滑雪等多个运动项目的国家队的医疗顾问，精专于各类运动损伤的康复与重返赛场的临床与研究工作；参与多个全民健身"运动处方"重点研发计划；发表多篇专业文章，参编多本图书。

钱驿

北京大学医学博士，国家体育总局运动医学研究所运动创伤外科医师，中国康复医学会运动系统疾病康复互联网工作委员会青年工作组委员；曾任国家单板滑雪集训队队医、国家花样滑冰队队医，曾为中国田径奥运会预选赛提供医疗保障服务，曾于国家艺术体操队、国家帆船帆板队、国家羽毛球集训队等国家队进行巡诊工作；曾参与《中国大百科全书》《十万个健康为什么丛书——运动的健康密码》及《运动不受伤：全民健身科学运动与损伤防治指南》等科普图书的编写。